Betreuungsfall – Was nun?

Ratgeber für Angehörige und Betroffene

Maria Demirci

3. Auflage

So nutzen Sie dieses Buch

Die folgenden Elemente erleichtern Ihnen die Orientierung im Buch:

> *Beispiel*
>
> *In diesem Buch finden Sie zahlreiche Beispiele, die das Gesagte illustrieren.*

Definitionen

Hier werden Begriffe kurz und prägnant erläutert.

Die Merkkästen enthalten Hinweise, Empfehlungen und hilfreiche Tipps.

Auf den Punkt gebracht

Am Ende jedes Kapitels finden Sie eine kurze Zusammenfassung des behandelten Themas.

Inhalt

Vorwort

Das Betreuungsrecht ist ein komplexes und vielschichtiges Rechtsgebiet, das für viele Menschen relevant werden kann. Wenn ein Mensch aufgrund einer psychischen oder körperlichen Erkrankung oder Behinderung nicht mehr in der Lage ist, seine Angelegenheiten selbst zu regeln, kann ein Gericht eine Betreuung anordnen. Der Betreuer übernimmt dann die Aufgaben des Betroffenen in seinem Namen.

Am 1. Januar 2023 ist das Gesetz zur Reform des Vormundschafts- und Betreuungsrechts in Kraft getreten. Dieses Gesetz hat das Ziel, die Rechte und Selbstbestimmungsmöglichkeiten von Menschen mit rechtlichen Betreuungen zu stärken.

Die 3. Auflage des Ratgebers soll einen Überblick über das Betreuungsrecht geben, insbesondere unter Berücksichtigung der Neuregelungen. Er richtet sich an alle, die sich mit diesem Thema befassen, insbesondere an Betroffene, Betreuer und Angehörige.

Der Ratgeber soll folgende Ziele erreichen:

- **Information:** Das Buch soll einen Überblick über das Betreuungsrecht geben und die wichtigsten Aspekte des neuen Gesetzes erläutern.
- **Unterstützung:** Das Buch soll Betroffene, Betreuer und Angehörige dabei unterstützen, die richtigen Maßnahmen zu ergreifen.

- **Motivation:** Das Buch soll dazu anregen, sich mit der eigenen Vorsorge für den Fall der eigenen Hilfsbedürftigkeit zu beschäftigen.

Der Ratgeber enthält zusätzlich Hinweise und Tipps, wie Sie sich mithilfe einer Vorsorgevollmacht und/oder Betreuungsverfügung bereits im Vorfeld für den Fall der eigenen Hilfsbedürftigkeit absichern können.

München im Oktober 2023 Maria Demirci

Was ist ein Betreuungsfall und wann tritt er ein?

Beispiel: Ein Fall für das Betreuungsgericht

Frau Musterfrau, 75 Jahre alt, wohnt ohne fremde Hilfe in ihrer Eigentumswohnung. Nach dem Tod ihres Mannes überkommt sie eine tiefe Depression, sodass sie sich nicht mehr um ihre persönlichen Angelegenheiten kümmern kann. Wichtige Termine lässt sie verstreichen, ihre Gesundheit ist ihr gleichgültig. Ihr Immobilienvermögen wird von ihr nicht mehr verwaltet. Angehörige, die ihr zur Seite stehen könnten, gibt es nicht.

Die Situation spitzt sich so zu, dass Frau Musterfrau mit Polizei und Krankenwagen aus ihrer Wohnung geholt werden muss, um in einem Krankenhaus behandelt zu werden. Nach ihrer Entlassung wird dann in einem gerichtlichen Verfahren ein Betreuer für Frau Musterfrau bestellt.

Wann liegt ein Betreuungsfall vor?

Kann ein Volljähriger aufgrund einer Krankheit oder Behinderung seine Angelegenheiten ganz oder teilweise rechtlich nicht besorgen, liegt ein Betreuungsfall vor.

Ein Minderjähriger braucht keine Betreuung, da er von seinen Eltern oder einem Vormund betreut, also gesetzlich vertreten, wird.

Ab dem 17. Geburtstag kann eine vorsorgliche Betreuerbestellung stattfinden, wenn anzunehmen ist, dass bei der betroffenen Person, mit Vollendung des 18. Lebensjahres die Voraussetzungen für einen Betreuungsfall vorliegen werden. Wirksam wird die Betreuerbestellung allerdings erst mit Vollendung des 18. Lebensjahres der betroffenen Person.

Eine weitere Voraussetzung für das Vorliegen eines Betreuungsfalles ist, dass der Betroffene nicht in der Lage ist, seinen Willen frei zu bestimmen, denn nur dann gilt er als unfähig, seine Angelegenheiten ganz oder teilweise selbst zu besorgen.

Freie Willensbestimmung liegt nicht vor, wenn der Betroffene in seiner Willensbildung durch Krankheit oder Behinderung beeinträchtigt ist. Ist der Betroffene aber in der Lage, seinen freien Willen zu äußern, darf gegen seinen Willen kein Betreuer bestellt werden.

Ist der Betroffene einfach nur nachlässig in eigenen Angelegenheiten, liegt kein Betreuungsfall vor. Etwas anderes gilt, wenn die Nachlässigkeit zu einer persönlichen Gefährdung für den Betroffenen führen kann oder andere Personen gefährdet, der Betroffene dies aber krankheitsbedingt nicht erkennen kann.

Beispiel: Gesundheitsgefährdende Nachlässigkeit

Herr Mustermann ist Witwer und hat seit Jahren seine Wohnung kaum verlassen. Seine Wohnung ist nicht begehbar, da Herr Mustermann ein Messie ist. Er sammelt und hortet krankhaft Sachen, darunter auch Essensreste, da er sich von ihnen nicht trennen kann. Die Nachbarn fühlen sich durch den Rattenbefall in der Wohnung des Herrn Mustermann gestört und haben Angst vor Gesundheitsschäden. Gespräche mit Herrn Mustermann darüber bleiben jedoch erfolglos, da er sein Problem krankheitsbedingt nicht erkennen kann.

Damit ein Betreuungsfall vorliegt, muss die Hilfebedürftigkeit des Betroffenen auf einer psychischen Krankheit oder einer körperlichen, geistigen oder seelischen Behinderung basieren.

Zu den psychischen Krankheiten zählen alle seelischen Erkrankungen. Seelische Erkrankungen, die infolge körperlicher Krankheiten (beispielsweise infolge von Hirnverletzungen) auftreten, unterfallen ebenfalls der Kategorie der psychischen Krankheiten. Suchterkrankungen (z. B. Drogen- und Alkoholsucht), Neurosen und Persönlichkeitsstörungen können bei entsprechendem Schweregrad ebenfalls psychische Krankheiten sein.

Seelische Behinderungen sind bleibende psychische Beeinträchtigungen. Sie entstehen als Folge psychischer Erkrankungen. Hierzu zählt auch die sogenannte Altersdemenz.

Ein Betreuungsfall kann auch bei körperlichen Behinderungen, z. B. Blindheit, Taubheit sowie Stummheit vorliegen, und zwar dann, wenn die körperliche Behinderung den Betroffenen in seiner Fähigkeit einschränkt, seine eigenen Angelegenheiten zu besorgen.

Die Bestellung eines Betreuers im Falle der körperlichen Behinderung kommt nur in Betracht, wenn der Betroffene sie selbst beantragt., es sei denn, dass dieser seinen Willen nicht äußern kann. Die Betreuung ist grundsätzlich wieder aufzuheben, wenn der Betroffene dies beantragt.

Ein Betreuungsfall liegt aber nur vor, wenn die Hilfsbedürftigkeit des Betroffenen auf dessen Krankheit beruht.

Weitere Voraussetzung für die Einrichtung einer Betreuung ist, dass diese überhaupt erforderlich ist.

Der Erforderlichkeitsgrundsatz schränkt die Betreuung sowohl zeitlich als auch sachlich ein. Am Erforderlichkeitsgrundsatz sind dabei die Frage des Ob der Betreuerbestellung, der Umfang der Betreuung, die Auswirkungen der gerichtlichen Maßnahme sowie die Dauer der Betreuung zu bestimmen.

Soweit der Betroffene einen Bevollmächtigten bestellt hat oder anderweitige Hilfe in Anspruch nehmen kann, ist die Einrichtung einer Betreuung nicht erforderlich.

Wenn der Betroffene sein Geld nicht anlegen möchte, sondern zuhause aufbewahrt, Ansprüche auf Erhalt von Sozialleistungen nicht geltend macht oder trotz einer Erkrankung keinen Arzt aufsuchen möchte, kommt eine Betreuung gegen seinen Willen nicht in Betracht. Nur in den Fällen, in denen es das Wohl des Betroffenen erforderlich macht, kommt eine sogenannte Zwangsbetreuung infrage.

Eine Betreuerbestellung ist nur dann erforderlich, wenn der Betreuer überhaupt tatsächlich auch tätig werden kann. Ohne freiwillige Mitwirkung des Betroffenen ist dies kaum möglich.

Insbesondere ist eine Betreuung dann nicht erforderlich, wenn die zu regelnden Angelegenheiten durch eine andere Person, z. B. bei Vorliegen der Voraussetzungen des Notvertretungsrechts unter Ehegatten, bei Vorliegen einer wirksamen Vorsorgevollmacht, oder durch andere Hilfen besorgt werden können.

Mit „andere Hilfen" ist jede denkbare Art von sozialen Hilfen gemeint, also Hilfe durch Angehörige, Freunde, Nachbarn oder soziale Dienste.

> ### *Beispiel: Ein Sozialhilfefall*
>
> *Herr Mustermann ist auf Sozialhilfe angewiesen, da seine kleine Rente nicht zum Leben ausreicht. Er ist jedoch zu stolz und möchte Vater Staat nicht auf der Tasche liegen. Ohne den Erhalt von Sozialhilfeleistungen besteht aber die Gefahr, dass Herr Mustermann seine Wohnung verliert, da er sich die Miete nicht leisten kann und bereits mit dieser im Rückstand ist. Seine nette Nachbarin wendet sich deswegen mit seiner Zustimmung an den zuständigen Sozialhilfeträger und unterstützt Herrn Mustermann beim Ausfüllen der Formulare. Daraufhin werden Herrn Mustermann Leistungen gewährt.*

Die seit dem 1.1.2023 in Kraft getretene Betreuungsrechtsreform hat zur Umsetzung des Erforderlichkeitsgrundsatzes eine sogenannte erweiterte Unterstützung eingeführt. Im Vorfeld einer rechtlichen Betreuung kann diese mit Zustimmung des Betroffenen umgesetzt werden. Dabei handelt es sich um ein temporäres Fallmanagement im Vorfeld einer Betreuung, um diese möglichst zu vermeiden. In Betracht kommen solche Maßnahmen, bei denen die Behörde – insbesondere bei komplexerem Hilfebedarf gegenüber mehreren verschiedenen Sozialleistungsträgern – den individuellen Unterstützungs- und Hilfebedarf der betroffenen Person möglichst umfassend ermittelt. Die Behörde soll die betroffene Person konkret dahingehend beraten, welche Sozialleistungen als Anspruch in Betracht kommen können. In einem nächsten Schritt erhält die betroffene Person die Unterstützung, die sie individuell benötigt, um die Sozialleistungen gegenüber den zuständigen Behörden geltend zu machen.

Die sogenannte erweiterte Unterstützung muss auf Länderebene durch Änderung der Landesbetreuungsgesetze umgesetzt werden. Die Bundesländer haben zum Teil sehr unterschiedliche Regelungen getroffen.

Wer kann Betreuer werden?

Der Betreuer wird vom Betreuungsgericht bestellt. **Zum Betreuer können natürliche Personen, ein als Betreuungsverein anerkannter Verein oder eine Betreuungsbehörde, eingesetzt werden.** Nach Möglichkeit muss eine einzelne Person als Betreuer ausgewählt werden. Als Betreuer kann auch ein Mitglied eines Betreuungsvereins oder ein selbstständiger Berufsbetreuer (z.B. Rechtsanwalt, Steuerberater etc.) bestellt werden.

Das Betreuungsgericht hat bei der Bestellung zum Betreuer denjenigen Personen Vorrang zu geben, die geeignet und zur ehrenamtlichen Übernahme der Betreuung bereit sind.

Das bedeutet, dass Betreuungsvereine, Betreuungsbehörden und Berufsbetreuer erst dann vom Betreuungsgericht bestellt werden können, wenn eine ehrenamtliche Betreuung als Möglichkeit ausscheidet.

Das Betreuungsgericht hat sich bei der Auswahl des Betreuers an den Wünschen des Betroffenen zu orientieren. Dies geschieht mittels einer gerichtlichen Anhörung im Verfahren der Betreuerbestellung. Dem Wunsch des Betroffenen hat das Gericht zu entsprechen, es sei denn, die Wunschperson ist zur Führung der Betreuung nicht geeignet. Dies ist nur dann der Fall, wenn Gründe von erheblichem Gewicht die konkrete Gefahr begründen, dass die Betreuung nicht nach den Wünschen oder dem Willen des Betroffenen geführt werden würde. Im betreuungsgerichtlichen Verfahren ist insbesondere bei familiärer Bindung darauf zu achten, dass der Betroffene eine Möglichkeit erhält, seinen Wunsch zu äußern.

Eine Errungenschaft der Betreuungsrechtsreform ist, dass die Wünsche des Betroffenen grundsätzlich Vorrang genießen. Dies dient der Ausübung des Selbstbestimmungsrechts des Betroffenen.

Vorrangig sind Personen als Betreuer zu bestellen, die geeignet und zur ehrenamtlichen Übernahme bereit sind. Ein Berufsbetreuer soll erst bestellt werden, wenn kein geeigneter ehrenamtlicher Betreuer zur Verfügung steht.

Schlägt die betroffene Person niemanden vor, muss nach Möglichkeit eine einzelne Person ausgesucht werden, die geeignet ist, die Betreuung zu führen. Bei der Auswahl muss das Betreuungsgericht die familiären und sonstigen Bindungen des Betroffenen sowie auf die Gefahr von Interessenkollisionen Rücksicht nehmen.

Es besteht auch die Möglichkeit, mehrere Betreuer zu bestellen, wenn dies zur besseren Besorgung der Angelegenheit nötig ist. In solchen Fällen darf in der Regel nur ein Betreuer die Betreuung berufsmäßig führen und eine Vergütung erhalten.

Der Vorrang der Einzelbetreuung hat zum Ziel, dass sich zwischen der betreuten Person und dem Betreuer ein Vertrauensverhältnis entwickelt.

Eine Person ist nur dann als Betreuer geeignet, wenn sie in der Lage ist, die Angelegenheiten der betroffenen Person in dem gerichtlich angeordneten Aufgabenkreis rechtlich zu besorgen und in dem hierfür erforderlichen Umfang persönlichen Kontakt mit der betroffenen Person zu halten.

Die Kontaktpflicht des Betreuers zum Betreuten ist zum 1.1.2023 ausdrücklich in das Gesetz aufgenommen worden. Zwar bestand auch nach alter Gesetzeslage eine Besprechungspflicht. Diese beschränkte sich allerdings auf wichtige Angelegenheiten.

Lehnt der Betroffene eine bestimmte Person als Betreuer ab, so hat das Gericht diesem Wunsch zu entsprechen, es sei denn, die Ablehnung bezieht sich nicht auf die Person des Betreuers, sondern auf die Bestellung des Betreuers als solche.

Personen, die zu einem Träger von Einrichtungen oder Diensten, der in der Versorgung des Volljährigen tätig ist, in einem Abhängigkeitsverhältnis oder in einer anderen engen Beziehung stehen, dürfen in der Regel wegen der Gefahr eines Interessenkonflikts nicht zum Betreuer bestellt werden.

Ehrenamtliche Betreuer

Ehrenamtliche Betreuer genießen Vorrang bei der Betreuerauswahl. Voraussetzung für das Führen einer Betreuung ist die persönliche Eignung und Zuverlässigkeit des Betreuers. Seit dem 1.1.2023 müssen zur Feststellung der persönlichen Eignung alle ehrenamtlichen Betreuer vor ihrer Bestellung der Betreuungsbehörde, die dem Betreuungsgericht geeignete Betreuer vorschlägt, eine Auskunft aus dem Zentralen Schuldnerverzeichnis und ein Führungszeugnis vorlegen. Die beiden Zeugnisse dürfen nicht älter als drei Monate sein.

Als ehrenamtliche Betreuer kommen Personen in Betracht, die eine familiäre Beziehung oder persönliche Bindung zur betroffenen Person haben (sogenannte Angehörigenbetreuer) oder andere Personen, die diese Beziehung nicht haben (sogenannte Fremdbetreuer).

Fremdbetreuer sollen nur dann vom Betreuungsgericht bestellt werden, wenn sie mit einem anerkannten Betreuungsverein eine Vereinbarung über eine Begleitung und Unterstützung abgeschlossen haben.

Die Anbindung der Fremdbetreuer an einen Betreuungsverein soll ein Mindestmaß an Qualität gewährleisten.

In der Vereinbarung verpflichtet sich der ehrenamtliche Betreuer zur Teilnahme an Einführungs- und Fortbildungsveranstaltungen. Der Betreuungsverein stellt dem Betreuer einen festen Ansprechpartner für Beratung und fachkundige Begleitung zur Verfügung. Außerdem übernimmt der Verein die Vertretung in der Betreuungsführung, wenn der Betreuer verhindert ist. Der Abschluss einer solchen Vereinbarung bringt für beide Seiten Vorteile. Für den ehrenamtlichen Betreuer ist es eine gute Möglichkeit, sich fachlich weiterzubilden und bei Bedarf Unterstützung zu erhalten. Für die betreute Person ist es ein zusätzlicher Schutz, wenn der Betreuer verhindert ist.

Für Angehörigenbetreuer ist die Anbindung an einen Betreuungsverein hingegen nicht verpflichtend, aber auf freiwilliger Basis möglich.

Berufliche Betreuer

Berufliche Personen sind natürliche Personen, die selbstständig oder als Mitarbeiter eines Betreuungsvereins rechtliche Betreuungen führen und registriert sind oder als vorläufig registriert gelten. Seit dem 1.1.2023 besteht eine Registrierungspflicht für berufliche Betreuer. Sie ist zwingende Voraussetzung für die Bestellung als Betreuer durch das Betreuungsgericht und für den Anspruch auf Vergütung. Die Registrierung erfolgt bei der zuständigen Betreuungsbehörde.

Personen, die sich als berufliche Personen registrieren lassen wollen, müssen folgende Voraussetzungen erfüllen:

- sie müssen für das Amt als beruflicher Betreuer persönlich geeignet und zuverlässig sein,

- eine ausreichende Sachkunde für die Tätigkeit als beruflicher Betreuer nachweisen und
- eine Berufshaftpflichtversicherung für Vermögensschäden mit einer Mindestversicherungssumme von 250.000,00 EUR pro Versicherungsfall und von 1.00.000,00 EUR für alle Versicherungsfälle eines Versicherungsjahres abgeschlossen haben.

Die nachzuweisende Sachkunde umfasst Kenntnisse des Betreuungs- und Unterbringungsrechts, des dazugehörigen Verfahrensrechts sowie auf den Gebieten der Personen- und Vermögenssorge, Kenntnisse des sozialrechtlichen Unterstützungssystems und Kenntnisse in der Kommunikation mit Personen mit Erkrankungen und Behinderungen und von Methoden zur Unterstützung bei der Entscheidungsfindung.

Als Berufsbetreuer sind vor allem Rechtsanwälte, Sozialarbeiter, Sozialpädagogen, Alten- und Krankenpfleger, Erzieher und Verwaltungsfachkräfte tätig.

Betreuungsvereine

Ein Betreuungsverein darf erst dann zum Betreuer bestellt werden, wenn der Betroffene durch eine oder mehrere Personen nicht hinreichend betreut werden kann. Die Bestellung bedarf der Einwilligung des Betreuungsvereins.

Der Betreuungsverein muss die Wahrnehmung der Betreuung einer einzelnen Person übertragen.

Betreuungsbehörde

Die zuständige Betreuungsbehörde darf erst zum Betreuer bestellt werden, wenn weder ehrenamtliche noch Berufsbetreuer noch ein Betreuungsverein zum Betreuer bestellt werden können. Auch die Betreuungsbehörde muss die Wahrnehmung der Betreuung einer einzelnen Person übertragen.

Wie lange dauert die Betreuung?

Die Betreuung fällt weg, wenn die Voraussetzungen für deren Anordnung weggefallen sind.

> *Beispiel: Wieder geheilt*
>
> *Herr Mustermann war schwer alkoholabhängig. Seine Alkoholsucht war so stark ausgeprägt, dass er nicht mehr in der Lage war, seine eigenen Angelegenheiten selbst zu besorgen. Deswegen wurde er unter Betreuung gestellt. Nach einer langen Therapie konnte Herr Mustermann seine Alkoholsucht erfolgreich bekämpfen und sich ein neues Leben aufbauen. Die Betreuung wurde im Anschluss an seine Genesung aufgehoben.*

Fallen die Voraussetzungen der Betreuung nur teilweise weg, so ist der jeweils betroffene Aufgabenkreis des Betreuers auf die Bereiche einzuschränken, in denen die Betreuung noch notwendig ist.

Der Betreuer ist verpflichtet, dem Betreuungsgericht die Umstände mitzuteilen, die eine Aufhebung der Betreuung ermöglichen.

Beendet ist die Betreuung auch, wenn deren Zweck erreicht wurde.

Beispiel: Kurzzeitbetreuung

Frau Musterfrau war kurzzeitig krankheitsbedingt nicht in der Lage, für sich den Antrag auf Erwerbsunfähigkeitsrente zu stellen. Allein für diese Aufgabe wurde für sie vom Betreuungsgericht ein Betreuer bestellt. Nach Wiedergenesung und Antragstellung benötigt sie keinen Betreuer mehr.

Erst mit Erlass des gerichtlichen Aufhebungsbeschlusses wird die Aufhebung wirksam.

Stirbt der Betreute, endet die Betreuung automatisch. Es bedarf keines gesonderten gerichtlichen Beschlusses. Der Betreuer muss dann seine Bestallungsurkunde an das Betreuungsgericht abgeben.

Definition: Bestallungsurkunde

Die Bestallungsurkunde ist ein vom Betreuungsgericht ausgestellter Ausweis für den Betreuer. Damit kann sich der Betreuer nach außen hin, z. B. gegenüber Banken, Behörden etc., legitimieren.

In der Bestallungsurkunde sind die Gründe für die Einrichtung der Betreuung nicht aufgeführt.

Der Betreuer hat jedoch nach dem Tod des Betreuten noch gewisse Aufgaben zu erledigen. Er muss das Betreuungsgericht benachrichtigen, die Angehörigen unterrichten, unaufschiebbare Angelegenheiten regeln und nach Abwicklung aller Geschäfte einen Schlussbericht erstellen. Das seiner Verwaltung unterliegende Vermögen sowie alle im Rahmen der Betreuung erlangten Unterlagen hat er an den Betreuten, dessen Erben oder sonstige Berechtigte herauszugeben.

Beispiele: Unaufschiebbare Angelegenheiten

Unaufschiebbare Angelegenheiten sind, z. B. Strom abstellen in der Wohnung des Betreuten, Auftragserteilung für dringende Reparaturen etc.

Die Organisation der Beerdigung gehört dagegen nicht mehr zu den Aufgaben des Betreuers. Diese Aufgabe obliegt den Angehörigen. Hat der Verstorbene festgelegt, dass der Betreuer die Beerdigung in die Wege leiten soll, dann muss er diesem Wunsch nachkommen. Wenn keine Angehörigen vorhanden sind, sollte der Betreuer die Ordnungsbehörde einschalten, der regelmäßig eine Hilfszuständigkeit für die Durchführung der Bestattung zukommt.

Eine weitere Möglichkeit, die Betreuung zu beenden, ist ein Antrag des Betroffenen selbst sowie sonstiger Dritter beim Betreuungsgericht.

Wurde der Betreuer auf eigenen Antrag des Betreuten bestellt, so ist die Betreuung auf dessen Antrag hin, aufzuheben. Das Betreuungsgericht kann den Aufhebungsantrag in diesen Fällen nur zurückweisen, wenn die Krankheit oder Behinderung in der Zwischenzeit so weit fortgeschritten ist, dass eine Betreuerbestellung ohne eigenen Antrag des Betroffenen erfolgen müsste.

Der Tod des Betreuers beendet die Betreuung nicht. Die Erben des Betreuers müssen seinen Tod beim Betreuungsgericht sofort anzeigen, damit ein neuer Betreuer bestellt werden kann.

Auswirkungen der Betreuung auf den Betroffenen

Durch Einrichtung der Betreuung wird der Betroffene nicht entmündigt.

Die Entmündigung wurde bereits 1992 abgeschafft.

Er ist weiterhin geschäftsfähig. Die von ihm abgegebenen Erklärungen sind wirksam, wenn er deren Tragweite, Wesen und Bedeutung erkennen und seine Handlungen danach ausrichten kann. Ist dies nicht der Fall, dann ist er – unabhängig von einer Betreuerbestellung – nicht geschäftsfähig.

Hat das Betreuungsgericht für einzelne Aufgabenkreise einen sogenannten Einwilligungsvorbehalt angeordnet, ist der Betroffene jedoch in seiner Teilnahme am Rechtsverkehr beschränkt. Von gewissen Ausnahmen abgesehen, wie z. B. Brot kaufen, braucht der Betreute dann die Einwilligung seines Betreuers. Ein Einwilligungsvorbehalt wird vom Betreuungsgericht dann angeordnet, wenn die Gefahr besteht, dass der Betreute sich selbst oder sein Vermögen in Gefahr bringt. Die Anordnung des Einwilligungsvorbehaltes dient somit in erster Linie dem Schutz des Betreuten.

Das Recht zur Eheschließung, Begründung einer Lebenspartnerschaft oder Errichtung eines Testaments, die Ausübung des Sorgerechts und die Wahrnehmung des Umgangsrechts kann niemals als Aufgabenkreis einem Betreuer übertragen werden. Bei Entscheidungen höchstpersönlicher Natur ist eine Betreuerbestellung ausgeschlossen.

Solange der Betreute geschäftsfähig ist, kann er höchstpersönliche Rechte, wie z.B. Heiraten, weiter selbst wahrnehmen. Ebenso ist es ihm möglich, ein Testament zu errichten, solange die Testierfähigkeit vorliegt.

Definition: Testierfähigkeit

Testierfähigkeit liegt vor, wenn eine Person in der Lage ist, die Bedeutung ihrer Erklärung einzusehen und nach dieser Einsicht zu handeln.

Für diese Handlungen bedarf es nie der Einwilligung des Betreuers, solange der Betreute geschäftsfähig ist.

Ist der Betreute nach dem Gesetz nicht ehefähig oder testierunfähig, scheidet eine Eheschließung, die Begründung einer Lebenspartnerschaft oder die Errichtung eines Testaments aus.

Auf den Punkt gebracht

- Betreuer werden vom Betreuungsgericht bestellt.
- Grundsätzlich kann jede volljährige Person zum Betreuer bestellt werden.
- Die Betreuung endet, sobald die Voraussetzungen für deren Anordnung weggefallen sind bzw. wenn der Betreute verstirbt.
- Trotz angeordneter Betreuung, kann der Betreute grundsätzlich am Rechtsverkehr teilnehmen.

Welche Aufgaben hat der Betreuer?

Es kommt darauf an, welche Unterstützung der Betroffene im Einzelfall benötigt. Das Betreuungsgericht kann dabei dem Betreuer bestimmte Aufgabenbereiche, übertragen. Aus den Aufgabenbereichen ergeben sich die konkreten Betreuerpflichten.

Die einzelnen Aufgabenbereiche sind im Gerichtsbeschluss anzuordnen und sind so konkret wie möglich zu bezeichnen.

Seit dem 1.1.2023 ist eine sogenannte Totalbetreuung nicht mehr zulässig.

Der Betreuer kann beispielsweise über den Aufenthalt des Betreuten, sein Vermögen, Wohnungsangelegenheiten oder seine Gesundheit bestimmen.

Das Gesetz schreibt für bestimmte Aufgabenbereiche eine ausdrückliche Anordnung durch das Betreuungsgericht vor. Es handelt sich dabei um folgende Maßnahmen des Betreuers:

- freiheitsentziehende Unterbringung,
- sonstige freiheitsentziehende Maßnahmen,
- Bestimmung des gewöhnlichen Aufenthalts, des Betreuten im Ausland,
- Bestimmung des Umgangs des Betreuten,
- Entscheidung über die Telekommunikation des Betreuten einschließlich seiner elektronischen Kommunikation,
- Entscheidung über die Entgegennahme, das Öffnen und Anhalten der Post des Betreuten.

Diese Maßnahmen greifen besonders intensiv in das Selbstbestimmungsrecht des Betreuten ein und bedürfen daher zu seinem Schutz einer präventiven gerichtlichen Kontrolle.

Der Betreuer hat für die ihm übertragenen Aufgabenbereiche die Stellung eines gesetzlichen Vertreters. Er darf den Betreuten dabei außergerichtlich und gerichtlich vertreten. Der Betreuer darf von seiner Vertretungsmacht allerdings nur Gebrauch machen, sofern dies erforderlich ist.

Soweit der Betreute geschäftsfähig ist, kann er trotz gerichtlich angeordneter Betreuung neben dem Betreuer rechtsgeschäftlich handeln.

Der Betreuer hat nur in denjenigen Bereichen, die ihm vom Betreuungsgericht zugewiesen worden sind, die Stellung eines gesetzlichen Vertreters. Stellt der Betreuer fest, dass der Betroffene auch in anderen Bereichen Hilfe benötigt, muss er das Betreuungsgericht hierüber informieren und auf dessen Entscheidung warten. Der Betreuer darf nur in ganz eiligen Sonderfällen von allein tätig werden.

Stellt der Betreuer fest, dass der Betreute teilweise keiner bzw. überhaupt keiner Hilfe mehr bedarf, so muss er dies dem Betreuungsgericht ebenfalls mitteilen, damit dieses den Aufgabenbereich des Betreuers zugunsten des Betreuten einschränken bzw. die Betreuung ganz aufheben kann.

Persönliche Betreuung

Es gilt der Grundsatz der persönlichen Betreuung. Das bedeutet nicht, dass der Betreuer selbst dem Betreuten bei dessen Pflege oder der Haushaltsführung zur Hand gehen muss. Es bedeutet vielmehr, dass sich der Betreuer nicht auf die Erledigung des anfallenden Schriftverkehrs beschränken darf. Ein ganz wichtiger Teil seiner Aufgabe ist der persönliche Kontakt zum Betreuten, um sich einen persönlichen Eindruck zu verschaffen, und um sich mit ihm zu besprechen. Auch wenn der Betreute so stark behindert ist, dass Gespräche mit ihm nicht möglich sind, muss der Betreuer ihn trotzdem ab und zu persönlich aufsuchen, um sich einen Eindruck von seinem Zustand zu verschaffen. Der Betreuer muss dafür sorgen, dass der Betreute die erforderliche Hilfe erhält. Ist der Betreute beispielsweise nicht in der Lage, für sich selbst zu kochen, so muss der Betreuer einen ambulanten Pflegedienst beauftragen, der dem Betreuten Essen bringt. Der Betreuer darf sich aber nicht nur auf seine Aufgabe der „Hilfestellung“ beschränken. Der

Betreuer muss innerhalb seines ihm vom Gericht zugewiesenen Aufgabenbereichs dazu beitragen, dass Möglichkeiten genutzt werden, um die eigene rechtliche Handlungsfähigkeit des Betreuten wiederherzustellen oder zu verbessern

Er muss dafür Sorge tragen, dass verbliebene Fähigkeiten des Betreuten gefördert und Chancen zu seiner Rehabilitation genutzt werden.

Mindestens einmal jährlich hat der Betreuer dem Betreuungsgericht einen Jahresbericht erstellen. Der Bericht muss Auskunft darüber geben, wo sich der Betreute aufhält, wie häufig der Betreuer persönlich Kontakt zu ihm aufgenommen hat, wie der Gesundheitszustand des Betreuten ist, wie die Betreuungsziele umgesetzt wurden und ob eine Betreuung weiterhin für notwendig erachtet wird, oder ob der Wirkungskreis des Betreuers eingeschränkt bzw. die Betreuung ganz aufgehoben werden kann. Den Jahresbericht muss er grundsätzlich mit der betreuten Person besprechen.

Berücksichtigung des Wohls und der Wünsche des Betreuten

Der Betreuer darf nicht einfach über den Kopf des Betreuten hinweg Entscheidungen treffen. Er muss die ihm übertragenen Aufgaben so ausführen, dass sie dem Wohl des Betreuten dienen. Er muss die Wünsche und Vorstellungen des Betreuten ernst nehmen. Dies geschieht in der Regel durch regelmäßige persönliche Kontakte und Gespräche mit dem Betreuten. So gewinnt der Betreuer bei anstehenden Entscheidungen ein Bild von den Vorstellungen und Wünschen des Betreuten. Nach diesen Vorstellungen und Wünschen hat er sich auch zu richten.

Der Betreuer muss die geäußerten Wünsche und Vorstellungen des Betreuten nur dann nicht beachten, wenn sie dessen Wohl zuwiderlaufen würden. Nur dann kann der Betreuer seine eigenen Vorstellungen an die Stelle der Vorstellungen des Betreuten setzen.

Wünsche, die der Betroffene vor Eintritt des Betreuungsfalls im Hinblick auf seine Lebensführung geäußert hat, sind zu berücksichtigen, außer der Betroffene hat seine Meinung zwischenzeitlich geändert.

Der Betreuer sollte versuchen, den mutmaßlichen Willen des Betreuten herauszufinden, wenn dessen Wünsche nicht festgestellt werden können. Hierfür kann er sich an dem Betreuten nahestehende Personen wenden, die ihm Auskünfte über dessen Wünsche geben können. Auch die bisherige Lebensführung des Betreuten kann dem Betreuer Anhaltspunkte liefern.

Seit dem 1.1.2023 hat der Betreuer gegenüber nahestehenden Angehörigen und sonstigen Vertrauenspersonen auf deren Verlangen Auskunft über die persönlichen Lebensumstände des Betreuten zu geben, wenn diese Auskunft dem Wunsch des Betreuten bzw. dessen mutmaßlichen Willen entspricht und dem Betreuer zumutbar ist.

Hintergrund der Regelung ist laut Gesetzesbegründung die vielfach geäußerte Kritik, dass insbesondere bei Betreuten, die sich krankheits- oder behinderungsbedingt nicht äußern können, die Gefahr einer Isolierung und des Missbrauchs der Betreuerbestellung bestehen.

Vorsicht bei Schenkungen!

Schenkungen durch den Betreuer

Dem Betreuer ist es durch das Gesetz untersagt, Schenkungen im Namen des Betreuten vorzunehmen (Schenkungsverbot). Das Vermögen des Betreuten wird insoweit vom Gesetz besonders geschützt.

Die vom Betreuer getätigten Schenkungen sind nichtig. Verbotene Schenkungen können auch nicht nachträglich durch das Betreuungsgericht genehmigt werden. Der Betreuer muss getätigte Schenkungen wieder an den Betreuten zurückerstatten.

Verstöße gegen das Schenkungsverbot können strafrechtlich als Untreue gewertet werden!

Eine Ausnahme hiervon sind Schenkungen, die auf einer sittlichen Pflicht oder einer auf den Anstand zu nehmenden Rücksicht beruhen. Zu dieser Kategorie Schenkungen gehört, z.B. die finanzielle Unterstützung enger Angehöriger; auch Schenkungen, die im Interesse der Erhaltung des Familienfriedens getätigt wurden (Schenkungen zur Hochzeit, Geburtstagen, Weihnachten etc.), fallen darunter.

Schenkungen aus dem Vermögen des Betreuten sind dann zulässig, wenn sie dem Willen und dem Interesse des Betreuten entsprechen. Weitere Voraussetzung ist, dass der Betreute auch über entsprechendes Vermögen verfügt. Es ist darauf abzustellen, ob der Betreute in der Vergangenheit entsprechende Geschenke gemacht hat. Bei sehr hohem Vermögen können sogar Grundstücksübertragungen zulässig sein.

Schenkungen durch den Betreuten

Ein nicht geschäftsfähiger Betreuter kann keine wirksamen Schenkungen tätigen. Ein geschäftsfähiger Betreuter hingegen kann ohne Einschränkungen Geschenke machen.

Betreute, die sich in einem Heim befinden, möchten oft dem dortigen Personal oder dem Träger des Heims etwas zukommen lassen. Das Gesetz verbietet es jedoch, dem Träger des Heims, der Heimleitung oder dem Personal, Schenkungen anzunehmen. Dasselbe gilt für Angehörige der genannten Personengruppen.

Die Unabhängigkeit der Heimleitung, der Heimmitarbeiter und Heimbewohner sowie der Hausfrieden sollen gewahrt werden. Das ist das erklärte Ziel des Gesetzgebers für das Verbot der Annahme von Schenkungen.

Ein geschäftsfähiger Betreuter kann an seinen Betreuer jederzeit Schenkungen tätigen.

Ist der Betreuer Beamter oder Angestellter im öffentlichen Dienst, kann er die Schenkung erst annehmen, wenn die Vorgesetzten dies genehmigt haben.

Welche Pflichten hat der Betreuer?

Hat das Betreuungsgericht dem Betreuer Angelegenheiten aus dem Bereich der Vermögenssorge übertragen, so hat er bei sämtlichen Handlungen zu beachten, dass er das Vermögen nicht im eigenen, sondern allein im Interesse des Betreuten verwaltet. Das Vermögen soll dabei vor unberechtigten Vermögensabflüssen geschützt werden.

Der Betreuer hat insbesondere die Pflicht, das Vermögen des Betreuten nicht für sich zu verwenden. Andernfalls macht er sich schadensersatzpflichtig und kann aus seinem Amt entlassen werden. Zusätzlich drohen strafrechtliche Konsequenzen!

Zu seinem eigenen Schutz hat der Betreuer darauf zu achten, dass sein eigenes Geld und das Geld des Betreuten auf verschiedenen Konten verwaltet werden.

Nach der Übernahme der Betreuung hat der Betreuer einen Anfangsbericht über die persönliche Situation des Betreuten, die Ziele der Betreuung, die beabsichtigten Maßnahmen sowie über die Wünsche des Betreuten zu erstellen. Dieser Bericht ist dem Betreuungsgericht innerhalb von drei Monaten nach der Bestellung vorzulegen.

Von dieser Berichtspflicht sind ehrenamtliche Betreuer mit familiären Beziehungen oder sonstigen Bindungen zum Betreuer befreit. In diesen Fällen führt das Betreuungsgericht mit dem Betreuer und dem Betreuten ein Anfangsgespräch.

Der Betreuer muss, sofern die Vermögensverwaltung zu seinem Aufgabenbereich gehört, zum Zeitpunkt seiner Bestellung ein Vermögensverzeichnis erstellen und dieses mit der Versicherung der Richtigkeit und Vollständigkeit einreichen. In diesem Verzeichnis sind zwingend folgende Angaben zu machen:

- Stichtag (Tag der Übernahme der Betreuung),
- gerichtliches Aktenzeichen,
- Auflistung von Konten/Depots, inklusive des Konto-/Depotstandes am Stichtag,
- Grundstücke mitsamt der Grundbuchbezeichnung, Erbbaurechte (der Betreuer kann den nach seiner Auffassung zutreffenden Verkehrswert angeben),
- einzelne Auflistung der Haushalts- und persönlichen Gegenstände des Betreuten, soweit sie werthaltig sind; andernfalls reicht eine Gesamtwertangabe bzw. ein Hinweis auf die Wertlosigkeit aus,
- Einkünfte des Betreuten,
- Verbindlichkeiten.

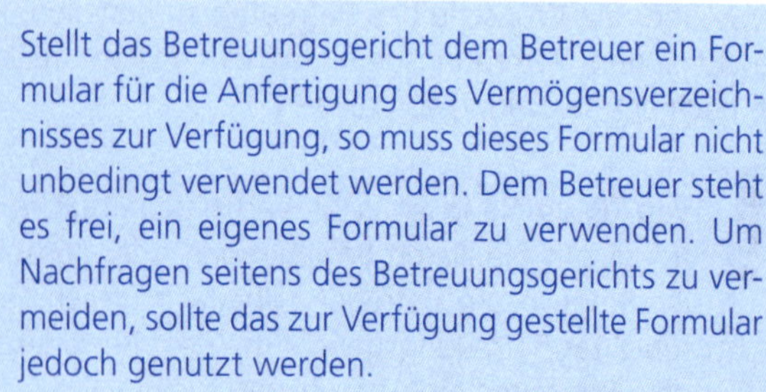

Stellt das Betreuungsgericht dem Betreuer ein Formular für die Anfertigung des Vermögensverzeichnisses zur Verfügung, so muss dieses Formular nicht unbedingt verwendet werden. Dem Betreuer steht es frei, ein eigenes Formular zu verwenden. Um Nachfragen seitens des Betreuungsgerichts zu vermeiden, sollte das zur Verfügung gestellte Formular jedoch genutzt werden.

Der Betreuer muss seine Angaben im Vermögensverzeichnis belegen, um dem Betreuungsgericht eine Überprüfung seiner Angaben zu ermöglichen. Seit dem 1.1.2023 muss der Betreuer das von ihm erstellte Vermögensverzeichnis dem Betreuten bekannt geben. Die Neuregelung dient dazu, den Betreuten zukünftig stärker in die Kontrolle des Betreuers mit einzubeziehen.

Eine Ausnahme von der Bekanntgabe des Verzeichnisses gegenüber dem Betreuten besteht nur dann, wenn hiervon erhebliche Nachteile für die Gesundheit des Betreuten zu befürchten sind oder dieser offensichtlich nicht in der Lage ist, das Verzeichnis zur Kenntnis zu nehmen.

Neu ist auch, dass das Betreuungsgericht in bestimmten Fällen bei der Erstellung des Vermögensverzeichnisses und vor allem bei der Inaugenscheinnahme von Vermögensgegenständen eine dritte Person als Zeugen hinzuziehen kann.

Zu Beginn der Betreuung sollte der Betreuer gleich den Betreuten selbst, die Heimleitung oder andere Personen über die Existenz von Bankkonten befragen. Des Weiteren sollte Kontakt mit der Arbeitsstelle des Betreuten sowie den in Betracht kommenden Behörden (Sozialamt, Kranken-, Pflege- und Rentenversicherung, Agentur für Arbeit, Wohngeldstelle, Integrationsamt) aufgenommen werden.

Den Anfragen des Betreuers bei den zuständigen Stellen ist eine (beglaubigte) Kopie der gerichtlichen Bestallungsurkunde beizufügen. Ohne Legitimationsnachweis wird der Betreuer ansonsten keinerlei Auskunft erhalten.

Nachdem der Betreuer das Vermögensverzeichnis beim Betreuungsgericht eingereicht hat, wird von diesem der Abrechnungszeitraum für den Betreuer festgelegt. Hintergrund ist, dass der Betreuer über die Vermögensverwaltung Rechnung zu legen hat. Das Rechnungsjahr wird vom Betreuungsgericht bestimmt. Die Rechnungslegung ist schriftlich einzureichen. Für die Rechnungslegung werden vom Betreuungsgericht ebenfalls Abrechnungsvordrucke zur Verfügung gestellt. Diese sollten zur Vermeidung von Nachfragen vom Betreuer genutzt werden.

Aus dem durch den Betreuer bereits erstellten Vermögensverzeichnis ist der Anfangsbestand der Abrechnung zu berechnen. Die Abrechnung soll eine geordnete Zusammenstellung der Einnahmen und Ausgaben enthalten, über den Ab- und Zugang des Vermögens Auskunft geben und, soweit möglich, mit Belegen versehen sein.

Die Verpflichtung zur Rechnungslegung besteht lediglich gegenüber dem Betreuungsgericht und dem Betreuten. Die Rechnungslegung muss dabei jährlich erfolgen. Ist der Betreuer Ehegatte, eingetragener Lebenspartner, Elternteil oder Abkömmling des Betreuten, besteht keine Pflicht zur laufenden Rechnungslegung – außer das Betreuungsgericht hat dies ausdrücklich angeordnet. Dieselbe Befreiung greift bei Geschwistern, die Betreuer sind, Vereinsbetreuern und Behördenbetreuern.

> ### *Beispiel: Gesonderte Verpflichtung zur Rechnungslegung*
>
> *S, der arbeitslose Sohn des Herrn Mustermann, wurde vom Betreuungsgericht zu dessen Betreuer bestellt. Das Betreuungsgericht hat die Rechnungspflicht angeordnet,*

da S aufgrund des hohen Vermögens seines Vaters umfangreiche Spezialkenntnisse haben oder sich um sachkundigen Beistand kümmern müsste. S ist jedoch sehr eigensinnig und hat im Vorfeld einen Kontakt des Betreuungsgerichts mit seinem Vater zu verhindern versucht. S denkt, er wisse alles besser, und möchte keine Einmischung von Obrigkeiten.

Aufgrund der Persönlichkeitsstruktur von S und seines Verhaltens hat das Betreuungsgericht hier zum Schutz des Vermögens des Herrn Mustermann die Verpflichtung zur Rechnungslegung gesondert angeordnet.

Die von der Rechnungslegung befreiten Betreuer müssen aber grundsätzlich jährlich eine Bestandsaufstellung (Vermögensübersicht) erstellen und beim Betreuungsgericht einreichen. Der Vorlagezeitraum kann vom Betreuungsgericht auf höchstens fünf Jahre verlängert werden.

Die Befreiung von der Rechnungslegung gilt jedoch nicht für die Schlussrechnung, die von jedem Betreuer gefordert werden kann.

Auf den Punkt gebracht

- Der Betreuer muss sich persönlich um die Angelegenheiten des Betreuten kümmern.
- Der Betreuer hat bei der Ausübung seiner Tätigkeit das Wohl und die Wünsche des Betreuten zu beachten.
- Den Betreuer trifft im Rahmen der Vermögenssorge die Verpflichtung, ein Vermögensverzeichnis zu erstellen und jährlich gegenüber dem Betreuungsgericht Rechnung zu legen.

Kann der Betreuer für Fehler belangt werden?

Wenn das Verhalten des Betreuers eine Verletzung der Verpflichtung zu treuer und gewissenhafter Führung der Betreuung darstellt, handelt er pflichtwidrig. Pflichtwidriges Handeln liegt z. B. vor, wenn der Betreuer gegen konkret formulierte gesetzliche Regelungen verstößt. Das ist etwa dann der Fall, wenn der Betreuer der Auskunfts-, Berichts- und Rechnungslegungspflicht nicht nachkommt.

Ein Schaden kann aber auch durch Unterlassen nötiger Handlungen entstehen, die der Betreuer zum Schutz des Betreuten ergreifen muss.

Nötige Handlungen des Betreuers sind:

- Abgabe der Steuererklärung,
- Beachtung von Fristen bei Anträgen.

Der Betreuer macht sich bei pflichtwidrigem Handeln schadensersatzpflichtig.

Auch wenn das Betreuungsgericht seine Genehmigung zu Rechtsgeschäften erteilt hat, befreit dies den Betreuer nicht von der Schadensersatzpflicht. Da der Wille des Betreuten stets zu beachten ist, sollte die Berücksichtigung seiner Wünsche und deren Einfluss auf die Entscheidung des Betreuers im Rahmen der Betreuung zeitnah und sorgfältig vom Betreuer dokumentiert werden.

Der schriftliche Nachweis des Betreuers ist im Regressfall als Beweismittel im Schadensersatzprozess zugelassen.

Aufgrund des pflichtwidrigen Verhaltens des Betreuers muss ein Schaden entstanden sein. Dieser Schaden muss im Zusammenhang mit dem pflichtwidrigen Verhalten stehen. Das pflichtwidrige Verhalten des Betreuers muss auf Vorsatz oder grober Fahrlässigkeit beruhen.

Definition: Fahrlässigkeit

Fahrlässig handelt derjenige, der die Sorgfalt außer Acht lässt, die von einem Angehörigen derselben Personengruppe in der jeweils konkreten Situation erwartet wird.

Hinsichtlich des rechtlichen Sorgfaltsmaßstabs wird zwischen ehrenamtlichen und Berufsbetreuern differenziert.

Ehrenamtliche und rechtsunkundige Betreuer dürfen sich grundsätzlich auf den Rechtsrat des Betreuungsgerichts verlassen. Bei Berufsbetreuern kann in der Regel davon ausgegangen werden, dass sie die Rechtsgrundlagen ihrer Tätigkeit kennen und in der Lage sind, die für ihre Tätigkeit notwendigen Informationen zu beschaffen, z. B. durch Fortbildungen.

Schadensersatz

Folgende Personen können Schadensersatzansprüche geltend machen:

- der geschäftsfähige Betreute,

- ein vom Betreuten/Bevollmächtigten beauftragter Vertreter, z. B. ein Rechtsanwalt,
- der Ergänzungsbetreuer (Dessen einziger Aufgabenkreis umfasst lediglich die Prüfung von etwaigen Pflichtverletzungen des Betreuers und die Geltendmachung von Schadensersatzansprüchen.),
- ein später bestellter Betreuer, der mit dem Aufgabenkreis Vermögenssorge bestellt wurde (Die Vermögenssorge beinhaltet nämlich die Durchsetzung von Schadensersatzansprüchen gegen einen früheren Betreuer.),
- die Erben des verstorbenen Betreuten als dessen Rechtsnachfolger.

Für Schadensersatzansprüche gegen den Betreuer sind nicht die Betreuungsgerichte, sondern die Zivilgerichte (Amts- oder Landgerichte) zuständig.

Ist die Betreuung kostenpflichtig?

Es gilt der Grundsatz der ehrenamtlichen und unentgeltlichen Betreuung. Bei der Frage der Entgeltlichkeit der Betreuung unterscheidet man zwischen Berufsbetreuern und nicht berufsmäßigen (ehrenamtlichen) Betreuern sowie zwischen vermögenden und nicht vermögenden Betreuten.

Der Berufsbetreuer

Hat das Betreuungsgericht bei der Betreuerbestellung festgestellt, dass die Betreuung berufsmäßig geführt wird, ist diese kostenpflichtig. Die Höhe der Vergütung des Berufsbetreuers richtet sich nach dem Vormünder- und Betreuervergütungsgesetz (VBVG). Der Berufsbetreuer erhält für die Führung der Betreuung eine monatliche Fallpauschale, die auch den Aufwendungsersatz abgelten.

Ausnahme: Erstattungsfähig sind allerdings diejenigen beruflichen Dienste des Betreuers als Aufwendungen, für die ein anderer Betreuer einen entsprechenden Fachmann hinzuziehen würde, z. B. einen Rechtsanwalt.

Die monatliche Fallpauschale richtet sich nach der beruflichen Qualifikation des Betreuers, der Dauer der geführten Betreuung, dem gewöhnlichen Aufenthalt der betreuten Person und deren Vermögensstatus.

Bei der beruflichen Qualifikation treffen die Vergütungstabellen A, B und C folgende Unterscheidungen:

Vergütungstabelle A: Diese kommt zur Anwendung, wenn der Betreuer weder über eine abgeschlossene Lehre noch über eine abgeschlossene Ausbildung an einer Hochschule oder eine vergleichbare Ausbildung verfügt.

Vergütungstabelle B: Diese kommt zur Anwendung, wenn der Betreuer über eine abgeschlossene Lehre oder eine vergleichbare abgeschlossene Ausbildung verfügt.

Vergütungstabelle C: Diese kommt zur Anwendung, wenn der Betreuer über eine abgeschlossene Ausbildung an einer Hochschule oder eine vergleichbare abgeschlossene Ausbildung verfügt.

Auf Antrag des Betreuers stellt der Vorstand des am Sitz oder hilfsweise am Wohnsitz des beruflichen Betreuers zuständigen Amtsgerichts nach dessen Registrierung fest, nach welcher Vergütungstabelle sich die von ihm zu beanspruchende Vergütung richtet.

Hinsichtlich der Dauer der Betreuung unterscheidet man bei der Berechnung der Fallpauschalen zwischen den Zeiträumen in den ersten drei Monaten der Betreuung, im vierten bis sechsten Monat, im siebten bis zwölften Monat, im 13. bis 24. Monat und ab dem 25. Monat.

Hinsichtlich des gewöhnlichen Aufenthaltsorts des Betreuten ist zwischen stationären Einrichtungen und diesen gleichgestellten ambulant betreuten Wohnformen einerseits und anderen Wohnformen andererseits zu unterscheiden.

In Bezug auf den Vermögensstatus ist entscheidend, ob die betreute Person mittellos ist oder nicht.

Unter bestimmten Voraussetzungen erhält der Betreuer neben der oben beschriebenen Fallpauschale, eine gesonderte Pauschale, wenn die betreute Person nicht mittellos ist und der Betreuer größeres Geldvermögen (mindestens 150.000,00 EUR), Erwerbsgeschäfte des Betreuten zu führen hat oder nicht selbst genutzten Wohnraum des Betreuten verwaltet.

Findet ein Wechsel von einem ehrenamtlichen zu einem beruflichen Betreuer statt, ist der berufliche Betreuer mit einer einmaligen Pauschale in Höhe von 200,00 EUR zu vergüten.

Findet ein Wechsel von einem beruflichen zu einem ehrenamtlichen Betreuer statt, ist der berufliche Betreuer mit einer einmaligen Pauschale in Höhe des 1,5-fachen der zum Zeitpunkt des Betreuerwechsels zu vergütenden Fallpauschale zu vergüten.

In wenigen Fällen wird zudem eine Zeitvergütung gezahlt. Der Sterilisationsbetreuer und der Ergänzungsbetreuer erhalten für jede Stunde der für die Führung der Vormundschaft aufgewandten und erforderlichen Zeit 23,00 EUR. Verfügen sie über besondere Kenntnisse erhöht sich der Stundensatz auf

- 29,50 EUR, wenn diese Kenntnisse durch eine abgeschlossene Lehre oder eine vergleichbare abgeschlossene Ausbildung erworben sind;
- 39,00 EUR, wenn diese Kenntnisse durch eine abgeschlossene Ausbildung an einer Hochschule oder durch eine vergleichbare abgeschlossene Ausbildung erworben sind.

Der ehrenamtliche Betreuer

Über 63 % der Betreuungen werden durch Angehörige oder dritte ehrenamtliche Personen durchgeführt. Für deren Vergütung ist auch hier zwischen vermögenden und mittellosen Betreuten zu unterscheiden.

Vermögender Betreuter

Bei vermögenden Betreuten kann das Betreuungsgericht dem ehrenamtlichen Betreuer eine Vergütung bewilligen, wenn der Umfang oder die Schwierigkeit der Betreuung dies rechtfertigen. Die Höhe der Vergütung muss angemessen sein. Dabei berücksichtigt das Betreuungsgericht die Fachkenntnisse des Betreuers, den Umfang und die Schwierigkeit der Betreuung sowie das Vermögen des Betreuten.

Vor Übernahme der Betreuung sollte sich der Betreuer an das Betreuungsgericht wenden und Rücksprache wegen der Vergütung halten, um etwaige Streitpunkte bereits im Vorfeld zu vermeiden.

Der Betreuer hat, sofern ihm keine Vergütung zugesprochen wird, immer den Anspruch auf Ersatz seiner durch die Führung der Betreuung entstandenen Aufwendungen (Aufwendungsersatz). Diesen kann er entweder durch konkrete Abrechnung gegenüber dem Betreuungsgericht und Nachweis der einzelnen Aufwendungen verlangen oder als jährliche Aufwandspauschale. Diese beträgt derzeit 425,00 EUR jährlich. Die Aufwandspauschale ist erstmalig ein Jahr nach Betreuerbestellung zu zahlen. Wurden mehrere Betreuer bestellt, hat jeder Betreuer Anspruch auf die Aufwandspauschale.

Mittelloser Betreuter

Der ehrenamtliche Betreuer einer mittellosen Person erhält keine Vergütung, sondern nur die pauschale Aufwandsentschädigung in Höhe von derzeit 425,00 EUR jährlich aus der Staatskasse. Der Betreuer kann sich aber auch dafür entscheiden, jede einzelne seiner Aufwendungen (z. B. Fahrt- und Telefonkosten) abzurechnen. Die entsprechenden Belege muss er dann dem Betreuungsgericht vorlegen. Die geforderten Aufwendungen werden, soweit tatsächlich ersatzfähig, erstattet.

Entscheidet sich der Betreuer für die Pauschale, muss er gegenüber dem Betreuungsgericht keine Belege vorlegen.

Wann liegt Mittellosigkeit des Betreuten vor?

Eine betreute Person gilt dann als mittellos, wenn sie den Aufwendungsersatz oder die Vergütung nicht oder nur zum Teil oder nur in Raten aus ihrem Vermögen bezahlen kann. Allein das Vermögen ist für die Frage der Mittellosigkeit maßgebend, nicht das Einkommen des Betreuten.

Grundsätzlich muss der Betreute sein gesamtes Vermögen einsetzen. Allerdings werden bestimmte Vermögenswerte von der Verpflichtung zur Einsetzung ausgenommen. Es handelt sich dabei um,

- kleinere Barbeträge oder sonstige Geldwerte bis zu derzeit 5.000,00 EUR, wobei eine besondere Notlage des Betreuten einen höheren Betrag rechtfertigen kann,
- angemessenen Hausrat unter Berücksichtigung der bisherigen Lebensverhältnisse des Betreuten,
- Erb- und Familienstücke, deren Veräußerung für den Betreuten oder seine Familie eine besondere Härte bedeuten würden,
- ein angemessenes Hausgrundstück, das vom Betreuten allein oder zusammen mit Angehörigen ganz oder teilweise bewohnt wird und nach seinem Tod von den Angehörigen bewohnt werden soll,
- Kapital einschließlich seiner Erträge, welches der zusätzlichen Altersvorsorge dient und staatlich gefördert wird, wie z. B. die Riester-Rente.

Erlöschen des Vergütungsanspruchs

Berufsbetreuer

Der Vergütungsanspruch des Berufsbetreuers muss innerhalb von 15 Monaten ab Entstehung der Aufwendungen gerichtlich geltend gemacht werden, ansonsten erlischt er. Zu beachten ist, dass die Vergütung erst nach Ablauf von jeweils drei Monaten geltend gemacht werden darf.

> ***Beispiel: Fristberechnung***
>
> *Der Betreuer wurde am 15.9.2023 bestellt. Das erste Vergütungsvierteljahr läuft vom 16.9. bis 15.12.2023. Der Betreuer kann frühestens am 16.12.2023 die abgelaufenen drei Monate abrechnen. Die Ausschlussfrist beginnt am 16.9.2023 zu laufen und endet am 15.12.2024.*

Ehrenamtlicher Betreuer

Die pauschale Aufwandsentschädigung in Höhe von derzeit 425,00 EUR muss innerhalb von sechs Monaten nach Ablauf des Jahres, in dem der Anspruch entstanden ist, gerichtlich geltend gemacht werden.

Der Anspruch muss somit bis spätestens zum 30.6. des Folgejahres geltend gemacht werden.

Hat der Betreuer die Aufwandspauschale einmal ausdrücklich gerichtlich geltend gemacht, so gilt in den Folgejahren die Einreichung des Jahresberichts als Antrag, sofern nicht ausdrücklich auf die weitere Geltendmachung des Anspruchs auf die Aufwandspauschale durch den Betreuer verzichtet wurde.

Wählt der ehrenamtliche Betreuer die Erstattung der einzelnen Auslagen oder bekommt er bei vermögenden Betreuten eine Vergütung vom Betreuungsgericht bewilligt, so muss er die Vergütung innerhalb von 15 Monaten ab Entstehung der Aufwendungen gerichtlich geltend machen, sofern das Betreuungsgericht keine andere Fristenregelung getroffen hat.

Die Geltendmachung des Anspruchs beim Betreuungsgericht gilt dabei auch als Geltendmachung gegenüber dem Betreuten und umgekehrt.

Auf den Homepages der Amtsgerichte werden häufig Formulare für die Geltendmachung der Vergütung zur Verfügung gestellt.

Gerichtskosten

Gerichtskosten werden nur erhoben, wenn das Vermögen des Betreuten nach Abzug der Verbindlichkeiten mehr als 25.000,00 EUR beträgt.

Für jedes angefangene Kalenderjahr wird dann vom Betreuten eine Gebühr in Höhe von 10,00 EUR für jede angefangenen 5.000,00 EUR Vermögen erhoben, wobei der Freibetrag von 25.000,00 EUR berücksichtigt wird. Die Mindestgebühr beträgt allerdings 200,00 EUR. Wenn der Betreute also über lediglich 25.100,00 EUR verfügt, betragen die Gerichtskosten dennoch 200,00 EUR.

Beispiel: Anfallende Gebühren

Der Betreute verfügt über ein Vermögen von 100.000,00 EUR. Anrechnungsfrei bleibt der Freibetrag in Höhe von 25.000,00 EUR. Für den darüberhinausgehenden Betrag ergibt sich rein rechnerisch eine Jahresgebühr von 150,00 EUR, da 5.000,00 EUR 15-mal angefangen wurden. Da dies weniger als die Mindestgebühr ist, werden 200,00 EUR erhoben.

Die Höhe des Einkommens des Betreuten spielt folglich keine Rolle. Beim Vermögen kommt es auf den Wert des Nettovermögens (Aktiva abzüglich Passiva) an.

Wird eine Immobilie, deren Größe angemessen ist, vom Betreuten selbst oder einem Ehepartner bzw. eingetragenen Lebenspartner allein oder zusammen mit Angehörigen ganz oder teilweise bewohnt und soll diese nach dem Tod des Betreuten weiter bewohnt werden, so wird die Immobilie bei der Bemessung des Vermögens nicht mitgerechnet.

Sollte Gegenstand der Betreuung nur ein Teil des Vermögens sein, so wird auch höchstens dieser Teil bei der Berechnung der Gebühr berücksichtigt.

Umfasst die Betreuung einen Aufgabenkreis, der nicht unmittelbar das Vermögen des Betreuten betrifft, z. B. den Aufgabenkreis Wohnungsangelegenheiten, beträgt die Gerichtsgebühr 300,00 EUR. Die Höhe der Gerichtsgebühr darf jedoch nicht die Gebühr übersteigen, die für eine Betreuung (auch) hinsichtlich des gesamten Vermögens zu erheben wäre.

Zu den Gerichtsgebühren kommen noch Auslagen hinzu, beispielsweise die Dokumentenpauschale, Reisekosten und Auslagen für den Sachverständigen.

Die an den Verfahrenspfleger gezahlten Beiträge sind Gerichtsauslagen. Die Auslagen für den Verfahrenspfleger werden dem Betreuten in Rechnung gestellt, wenn er nicht mittellos ist. Dabei spielt die Vermögensobergrenze von 25.000,00 EUR keine Rolle. Maßgeblich für die Bestimmung der Mittellosigkeit ist die sozialhilferechtliche Schongrenze von derzeit 10.000,00 EUR.

In Unterbringungssachen werden keinerlei Gerichtsgebühren erhoben. Lediglich Auslagen werden – aber nur in sehr eingeschränktem Umfang – erhoben, soweit der Betroffene leistungsfähig ist.

Wird eine Betreuungs- oder Unterbringungsmaßnahme abgelehnt oder aufgehoben, weil sie ungerechtfertigt war, eingeschränkt oder wird das Verfahren ohne Entscheidung über eine Maßnahme beendet, hat das Gericht die Möglichkeit, dem Betroffenen die außergerichtlichen Auslagen (= insbesondere Anwaltskosten) der Staatskasse aufzuerlegen. In diesen Fällen können die Verfahrenskosten auch einem Verfahrensbeteiligten Dritten auferlegt werden, sofern er das Tätigwerden des Gerichts veranlasst hat und ihn grobes Verschulden trifft.

Auf den Punkt gebracht

- Der Berufsbetreuer erhält für seine Tätigkeit eine Vergütung. Die Vergütung ist aus dem Vermögen des Betreuten zu leisten bzw. von der Staatskasse zu zahlen, soweit der Betreute mittellos ist.
- Ehrenamtliche Betreuer erhalten bei mittellosen Betreuten eine jährliche Aufwandsentschädigung.
- Gerichtskosten fallen erst dann an, wenn das Vermögen des Betreuten nach Abzug der Verbindlichkeiten 25.000,00 EUR und mehr beträgt.
- Betreuer haften gegenüber dem Betreuten auf Schadensersatz, wenn sie schuldhaft gegen ihre Pflichten verstoßen haben.

Betreuungsrechtliche Genehmigungstatbestände

Eine Betreuung stellt einen erheblichen Eingriff in die Persönlichkeitssphäre eines Menschen dar. Schutzzweck der Betreuung ist neben der Selbstverantwortung und Selbstbestimmung des Betreuten auch dessen Gesundheit und Vermögen, also das Wohl des Betreuten im Allgemeinen.

Um einem Missbrauch vorzubeugen und den Schutz des Betreuten zu sichern, sieht das Gesetz vor, dass der Betreuer einen Großteil seiner für den Betreuten zu erledigenden Geschäfte genehmigen lassen muss. Zuständig für die Erteilung der Genehmigungen ist das Betreuungsgericht.

Personensorge

Bei der Übertragung des Aufgabenkreises der Personensorge handelt es sich in den meisten Fällen um medizinische Eingriffe und Untersuchungen, die Gesundheitsfürsorge, das Recht zur Aufenthaltsbestimmung, den Umgang, die Freizeitgestaltung und die Unterbringung einer Person in einer Anstalt.

Der Aufgabenbereich der Personensorge stellt für den Betroffenen naturgemäß ein höchst sensibles Thema dar. In diesem Bereich geht es schließlich um Fragen, die den inneren, ganz intimen Bereich des Lebens eines Menschen betreffen. Die Gerichte sind aus diesem Grund darum bemüht und gehalten, den zuständigen Betreuern klare Vorgaben zu machen und die jeweiligen Aufgabenbereiche eindeutig zuzuweisen.

Ärztliche Maßnahmen

Die Einwilligung des Betreuers in eine Untersuchung des Gesundheitszustandes, eine Heilbehandlung oder einen ärztlichen Eingriff bedarf der Genehmigung des Gerichts, wenn die begründete Gefahr besteht, dass der Betreute aufgrund der vorgenannten Maßnahmen stirbt oder einen schweren, länger andauernden gesundheitlichen Schaden erleidet. Um dies beurteilen zu können, ist auf den jeweiligen Betroffenen unter Berücksichtigung seines individuellen Gesundheitszustandes abzustellen. Die Gefahr eines drohenden psychischen Schadens, z. B. Selbstmordgefahr, rechtfertigt ebenfalls die Genehmigungspflicht.

Der Betreuer erteilt seine Einwilligung in die Durchführung der medizinischen Maßnahme, wenn der betreute Patient nicht einwilligungsfähig ist.

Definition: Einwilligungsfähigkeit

Einwilligungsfähigkeit liegt vor, wenn der betreute Patient die Tragweite und die Folgen der Maßnahme erfassen und seinen Willen entsprechend bilden und äußern kann.

Ist der Betreute einwilligungsfähig, kommt es allein auf seinen Willen an. Der Betreuer kann dann seine Einwilligung nicht an die Stelle des Willens des Betreuten setzen.

Beispiele: Genehmigungspflichtige Maßnahmen

Der Betreuer muss folgende ärztliche Maßnahmen regelmäßig vom Betreuungsgericht genehmigen lassen:

- *Amputationen, Transplantationen, Herzoperationen,*
- *Chemotherapien und Strahlenbehandlungen,*
- *Verabreichung von Psychopharmaka.*

In dringenden Fällen entfällt die Genehmigungspflicht, wenn mit dem Aufschub der ärztlichen Maßnahme eine drohende Gefahr verbunden ist.

Der Genehmigung des Betreuungsgerichts bedarf es ebenfalls, wenn der Betreuer nicht in eine ärztliche Maßnahme einwilligen will bzw. wenn eine zuvor erteilte Einwilligung widerrufen werden soll und der Betreute aufgrund des Unterbleibens oder des Abbruchs der ärztlichen Maßnahme sterben oder einen länger andauernden gesundheitlichen Schaden erleiden könnte.

Einer betreuungsgerichtlichen Genehmigung bedarf es grundsätzlich dann nicht, wenn zwischen dem Betreuer und dem behandelnden Arzt Einigkeit darüber besteht, dass die Einwilligung bzw. der Widerruf der Einwilligung/die Nichteinwilligung dem Willen des betreuten Patienten entspricht, den dieser in einer Patientenverfügung festgehalten hat.

Definition: Patientenverfügung

In einer Patientenverfügung wird geregelt, welche ärztlichen Maßnahmen zur medizinischen Versorgung gewünscht und welche abgelehnt werden.

Sterilisation

Die Sterilisation stellt einen Sonderfall der ärztlichen Eingriffe dar. Eine Sterilisation ist die operative Unfruchtbarmachung durch Unterbrechung von Ei- oder Samenleiter. Die Sterilisation ist für den Betreuten von großer Tragweite, da der Eingriff in der Regel nicht mehr rückgängig gemacht werden kann. Die Sterilisation stellt einen schweren Eingriff in die körperliche Unversehrtheit dar. Der Betreuer kann die Einwilligung zur Vornahme einer Sterilisation nur wirksam erteilen, wenn der Betreute dauerhaft nicht einwilligungsfähig ist. Zusätzlich muss als gesichert gelten, dass der Betreute während des gesamten Zeitraumes der Zeugungs- bzw. Empfängnisfähigkeit die Einwilligungsfähigkeit nicht wiedererlangt.

Befindet sich der Betreute nur vorübergehend in einem Zustand der Betreuungsbedürftigkeit, z. B. Alkoholsucht oder Drogenabhängigkeit, darf der Betreuer nicht in eine Sterilisation einwilligen.

Die Sterilisation muss dem natürlichen Willen des Betreuten entsprechen. Weitere Voraussetzung ist, dass zu erwarten ist, dass es ohne Sterilisation zu einer Schwangerschaft kommen könnte und diese eine Gefahr für Leben oder Gesundheit der Schwangeren bedeuten würde. Darunter versteht man sowohl eine konkrete Gefahrensituation für das Leben selbst, z. B. schwere Herz- und Kreislauferkrankungen, als auch seelische Schäden und das seelische Leid, das die Schwangere erfahren würde, wenn Maßnahmen ergriffen werden müssten, die die Trennung von Mutter und Kind zum Inhalt haben. Interessen Dritter, z. B. des Kindsvaters, bleiben bei der Beurteilung außen vor. Zusätzlich darf die

Schwangerschaft durch kein anderes (milderes) Mittel verhindert werden können. Mildere Mittel sind z. B. chemische oder mechanische Verhütungsmittel.

Ferner ist der Methode Vorzug zu geben, die eine Refertilisierung, also die Wiederherstellung der Zeugungs-/Empfängnisfähigkeit, ermöglicht. Hintergrund ist, dass Betreuung nicht auf Lebenszeit ausgelegt ist und der Eingriff gegebenenfalls rückgängig gemacht werden können sollte.

Die Vornahme der Sterilisation bei einem unter Betreuung stehenden Menschen setzt immer voraus, dass überhaupt eine Notwendigkeit für den Eingriff besteht – was nicht der Fall ist, wenn der Betreute keine sexuellen Kontakte hat.

Im betreuungsgerichtlichen Genehmigungsverfahren zur Vornahme einer Sterilisation muss neben einem besonderen weiteren Betreuer, der nur für den Aufgabenkreis der Sterilisation bestellt wird (sogenannter Sterilisationsbetreuer) noch ein Verfahrenspfleger durch das Gericht bestellt werden, sofern der Betreute sich nicht von einem Rechtsanwalt oder einem anderen geeigneten Verfahrensbevollmächtigten vertreten lässt. Zusätzlich sind wenigstens zwei ärztliche Sachverständigengutachten einzuholen. Ebenso ist der Betreute persönlich vom Betreuungsgericht anzuhören.

Unterbringung

Definition: Unterbringung

Im Betreuungsrecht versteht man unter einer Unterbringung eine mit einer Freiheitsentziehung einhergehende Maßnahme.

Zunächst ist zwischen einer freiheitsentziehenden Unterbringung und unterbringungsähnlichen Maßnahmen zu unterscheiden. Weiter muss unterschieden werden, ob der Betreute einwilligungsfähig bzw. nicht einwilligungsfähig und/oder bewegungsfähig bzw. nicht bewegungsfähig ist.

In folgenden Fällen bedarf es keiner betreuungsgerichtlichen Genehmigung:

- Einwilligungsfähigkeit des Betreuten oder
- Einwilligungsfähigkeit und Bewegungsunfähigkeit des Betreuten.

Zweifel über die Einwilligungs- und/oder Bewegungsunfähigkeit sollten im Vorfeld über ein fachärztliches Attest abgeklärt werden.

Bei Bewegungsunfähigkeit kann an sich schon keine freiheitsentziehende Maßnahme angenommen werden, da die körperliche Fortbewegungsfreiheit fehlt.

In beiden oben genannten Fällen kommt es ausschließlich auf die Einwilligung des Betreuten selbst an.

Nur wenn der Betreute nicht einwilligungsfähig, aber in der Lage ist, sich selbstständig fortzubewegen, muss bei Vorliegen weiterer gesetzlicher Voraussetzungen eine betreuungsgerichtliche Genehmigung eingeholt werden.

Bevor eine Unterbringung oder eine unterbringungsähnliche Maßnahme in Erwägung gezogen wird, sind sämtliche anderen, alternativen, weniger einschneidenden Mittel zu prüfen und bei Vorliegen auch anzuwenden.

Geschlossene Unterbringung

Maßnahmen, die die Freiheitsentziehung und die fremdbestimmte Bestimmung des Aufenthaltsorts ohne oder gegen den Willen eines unter Betreuung stehenden Menschen zum Inhalt haben, sind als geschlossene Unterbringung zu verstehen. In diesen Fällen, bestimmt ein Dritter, nämlich der Betreuer, über den Aufenthalt der betreuten Person.

Eine Freiheitsentziehung liegt regelmäßig vor, wenn der Betreute in folgenden Einrichtungen untergebracht wird:

- in einer geschlossenen Einrichtung,
- in einer geschlossenen Abteilung,
- in einer halboffenen oder offenen Einrichtung, wenn keine Möglichkeit eines freien Zutritts besteht und Ausgang nur unter Aufsicht stattfindet.

In vielen Einrichtungen werden für die Betroffenen verschiedene Überwachungsmöglichkeiten mit dem Ziel der Aufenthaltskontrolle angebracht, wie z. B. Videokameras, Alarmanlagen etc. Wird das Ziel einer Aufenthaltskontrolle verfolgt, muss eine gerichtliche Genehmigung eingeholt werden.

Eine Unterbringung liegt allerdings nicht vor, wenn die Bewegungsfreiheit einer bereits bewegungsunfähigen Person durch Maßnahmen, wie z. B. die Anbringung eines Bettgitters, eingeschränkt wird. Eine Genehmigung ist hier nicht erforderlich.

Die Unterbringung einer unter Betreuung stehenden Person ist nur dann zulässig, wenn beim Betreuten die Gefahr einer erheblichen gesundheitlichen Selbstschädigung oder gar Selbsttötung besteht, oder wenn ohne die Unterbringung eine notwendige ärztliche Maßnahme nicht durchgeführt werden kann.

Nur wenn der Betreute krankheitsbedingt keinen freien Willen mehr bilden, also wegen einer psychischen Krankheit oder einer geistigen/seelischen Behinderung die Notwendigkeit einer Untersuchung oder Behandlung nicht erkennen oder nicht nach dieser Einsicht handeln kann, und das Unterbleiben der ärztlichen Untersuchung/Behandlung einen gewichtigen gesundheitlichen Schaden herbeiführen könnte, ist eine Unterbringung zulässig.

Ein Selbstmordversuch, der in freier Willensbestimmung vorgenommen wird, rechtfertigt keine Unterbringung. Die Möglichkeit der Unterbringung durch einen Betreuer ist nur dann eröffnet, wenn die Gefahr des Suizids ihre Ursache in der psychischen Krankheit oder geistigen/seelischen Behinderung des Betreuten hat.

Die geschlossene Unterbringung muss zudem stets für das Wohl des Betreuten unabdingbar sein.

Eine Unterbringung fällt dann nicht in den Aufgabenkreis eines Betreuers, wenn der Betreute nicht sich selbst, sondern dritte Personen gefährdet. Die Aufgabe der Unterbringung bestimmt sich in diesen Fällen nach den Unterbringungsgesetzen der einzelnen Bundesländer.

Eine konkrete Gefahr der Selbstschädigung oder Selbsttötung eines psychisch kranken oder geistig behinderten Menschen kann sowohl durch ein Tun als auch durch ein Unterlassen ausgelöst werden.

Beispiele: Erhebliche Gesundheitsgefährdung

- *Lebensgefahr durch Nichteinnahme lebensnotwendiger Medikamente,*
- *Verweigerung der Nahrungsaufnahme,*
- *zielloses nächtliches Umherirren eines altersbedingt verwirrten Menschen.*

Muss die Unterbringung angeordnet werden, weil der Betreute aufgrund seiner psychischen Erkrankung bzw. seelischen Behinderung die Notwendigkeit einer ärztlichen Untersuchung/Behandlung nicht einsehen kann, dürfen keine anderen, weniger einschneidenden Maßnahmen in Betracht kommen (z.B. ein Aufenthalt in einer betreuten Wohneinrichtung).

Es muss eine Prognose gestellt werden, ob der Krankheitsverlauf mit der Zwangsunterbringung gegenüber demjenigen ohne Unterbringung negativer bzw. positiver ausfallen würde.

In Ausnahmefällen sind Unterbringungen ohne vorherige Genehmigung zulässig, wenn mit dem Aufschub eine Gefahr verbunden ist. Die Genehmigung ist vom Betreuer aber unverzüglich nachzuholen.

Die Unterbringung ist vom Betreuer zu beenden, wenn deren Voraussetzungen weggefallen sind. Zur Beendigung der Unterbringung bedarf es nicht der Genehmigung des Betreuungsgerichts. Sie muss lediglich gegenüber dem Betreuungsgericht angezeigt werden.

Unterbringungsähnliche Maßnahmen

Befindet sich der Betreute außerhalb geschlossener Abteilungen in Anstalten, Heimen oder sonstigen Einrichtungen, ist dies an sich nicht genehmigungsbedürftig. Wird dem Betreuten durch mechanische Vorrichtungen, Medikamente oder auf andere Weise über einen längeren Zeitraum oder regelmäßig die Freiheit entzogen, handelt es sich um eine unterbringungsähnliche Maßnahme.

Eine unterbringungsähnliche Maßnahme liegt auch dann vor, wenn sich der Betreute mit gerichtlicher Genehmigung bereits in einer geschlossenen Abteilung oder Einrichtung befindet.

Beispiele: Unterbringungsähnliche Maßnahmen

- *Anbringung eines Bettgitters,*
- *Fixierung mit einem Leibgurt an Bett oder Stuhl,*
- *Festbinden der Arme und Beine,*
- *Verhindern des Verlassens der Einrichtung durch besondere Schließmechanismen, ohne dass der Betreute einen Schlüssel hat,*
- *Verhindern des Verlassens der Einrichtung durch Verabreichung spezieller Medikamente (z. B. Schlafmittel).*

Bei der Verabreichung von Medikamenten handelt es sich nur dann um eine unterbringungsähnliche Maßnahme, wenn sie dazu dienen soll, die Ruhe auf der Station/in der Einrichtung zu wahren, die Pflege zu erleichtern oder den Betreuten an der Fortbewegung zu hindern. Nur dann ist die Verabreichung von Medikamenten genehmigungspflichtig.

Eine Freiheitsentziehung liegt nicht vor, wenn der Betreute auch ohne die Maßnahme nicht in der Lage wäre, sich fortzubewegen bzw. wenn ihn die Maßnahme nicht an der willentlichen Fortbewegung hindert.

Der Betreuer entscheidet nur bei nicht einwilligungsfähigen Betreuten über die Einwilligung in unterbringungsähnliche Maßnahmen. Dabei muss er prüfen, ob mildere Maßnahmen zur Abwehr von Gesundheitsgefahren für den Betreuten zur Verfügung stehen. Mildere Maßnahmen sind diejenigen, die nicht mit einem Eingriff in die persönliche Freiheit des Betreuten verbunden sind.

Beispiel: Mildere Maßnahme

Frau Musterfrau fällt regelmäßig in der Nacht aus ihrem Bett. Beim letzten Sturz hat sie sich die Hüfte gebrochen. Anstatt ein Bettgitter anzubringen, wird als mildere Maßnahme das Bett von Frau Musterfrau abgesenkt.

In dringenden Fällen, in denen zum Schutz des Betreuten sofort gehandelt werden muss, ist die Genehmigung vom Betreuer unverzüglich nachzuholen.

Wohnungsauflösung

Die Auflösung der Wohnung bedeutet für den Betreuten den Verlust seines Lebensmittelpunktes und seiner vertrauten Umgebung, vielfach auch den Verlust seines Freundes- und Bekanntenkreises. Aus diesem Grund wird der Betreute durch das Gesetz vor übereilten Maßnahmen geschützt. Die Wohnungsaufgabe ohne gerichtliche Genehmigung ist unzulässig.

Vom Wohnraum umfasst ist auch ein Platz in einem Alten- oder Pflegeheim.

Die Aufgabe des durch den Betreuten selbst genutzten Wohnraums, ist nur zulässig, wenn die Aufgabe dem Willen des Betreuten entspricht. Gegen den Willen des Betreuten bzw. ohne seine Zustimmung ist die Aufgabe des Wohnraums nur zulässig, wenn für den Betreuten oder sein Vermögen eine erhebliche Gefahr besteht und der Betreute diese Gefahr aufgrund seiner Krankheit oder Behinderung nicht erkennen oder nach dieser Einsicht handeln kann.

Beispiel: Vermögensgefahr

Die vom Betreuten selbst genutzte Eigentumswohnung ist finanziert. Die Finanzierung ist auch unter Ausschöpfung aller verfügbaren finanziellen Ressourcen nicht möglich.

Wenn der Betreuer beabsichtigt, den selbst genutzten Wohnraum des Betreuten aufzugeben, muss er dies dem Betreuungsgericht unter Angabe der Gründe und der Sichtweise des Betreuten unverzüglich anzeigen. Eine Anzeigepflicht besteht auch dann, wenn mit einer Aufgabe des Wohnraums aus anderen Gründen zu rechnen ist, z. B. weil der Vermieter eine Kündigung beabsichtigt. Weiter muss der Betreuer dem Betreuungsgericht mitteilen, welche Maßnahmen er ergreifen will, z. B. gegen die Kündigung vorgehen oder diese akzeptieren.

Die Anzeigepflicht dient der gerichtlichen Überprüfung der beabsichtigten Wohnungsaufgabe und stellt gegebenenfalls ein Eingreifen des Betreuungsgerichts zum Schutz des Betreuten sicher.

Im Rahmen des Genehmigungsverfahrens hat das Gericht den Betroffenen persönlich anzuhören. Wegen der Bedeutung der Angelegenheit bestellt das Gericht in der Regel einen Verfahrenspfleger.

Maßgeblich sind stets die Wünsche und das Wohl des Betreuten. Der Betreuer darf seiner Entscheidung nicht seine eigenen Interessen, wie z. B. Arbeitserleichterungen, zugrunde legen.

Befindet sich der Betreute für einen längeren Zeitraum beispielsweise im Krankenhaus und will der Betreuer für diesen Zeitraum die Wohnung des Betreuten untervermieten, muss er ebenfalls die Genehmigung des Betreuungsgerichts einholen. Gleiches gilt für Erklärungen, die auf die Aufhebung eines Mietverhältnisses gerichtet sind, z. B. bei einem Aufhebungsvertrag.

Problematisch sind die Fälle, in denen der Vermieter die Wohnung kündigt, weil der Betreute verhaltensauffällig wird. Insbesondere bei älteren Menschen besteht die Gefahr, dass sie ihre Wohnung vernachlässigen und sie herunterkommen oder vermüllen lassen. Der Betreuer kann hier Abhilfe schaffen, indem er z. B. die Wohnung entrümpelt und säubert, um so den Kündigungsgrund zu beseitigen.

Auf den Punkt gebracht

- Die Personensorge umfasst vor allem die Sorge um die Freiheit und die Gesundheit des Betreuten.
- Das Gesetz enthält für besonders wichtige Angelegenheiten im Bereich der Personensorge Sonderregelungen, um den Betreuten zu schützen.
- In vielen Fällen muss der Betreuer sein beabsichtigtes Handeln vom Betreuungsgericht genehmigen lassen.

Vermögenssorge

Der wohl größte Bereich der Betreuung umfasst die Vermögenssorge, betrifft also das Geld und den Besitz des Betreuten. Es gibt zahlreiche gesetzliche Regelungen, die im Bereich der Vermögenssorge die Einholung einer betreuungsgerichtlichen Genehmigung vorsehen. Um den Umfang dieses Ratgebers nicht zu sprengen, werden hier nur die relevantesten Regelungen dargestellt.

Grundstücksgeschäfte

Bei Grundstücksgeschäften bestehen umfangreiche Genehmigungserfordernisse. Verfügungen über ein Grundstück oder über ein Recht an einem Grundstück sind grundsätzlich genehmigungsbedürftig.

Beispiele: Grundstücksverfügungen und -rechte

Verfügungen über Grundstücke sind:

- *Begründung von Wohnungseigentum,*
- *Belastung des Grundstücks mit einer Grundschuld/ Hypothek.*

Rechte an einem Grundstück sind:

- *Nießbrauch,*
- *Dauerwohnrecht,*
- *Vorkaufsrecht,*
- *Wohnungseigentum,*
- *Eigentum.*

Wenn die Übernahme oder die Begründung einer Belastung eines Grundstücks im Zeitpunkt des Grundstückskaufs erfolgt, muss vom Betreuer keine Genehmigung eingeholt werden. Nur wenn die Belastung später begründet wird, muss eine betreuungsgerichtliche Genehmigung eingeholt werden.

Verfügungen über das gesamte Vermögen

> *Beispiel: Übertragung des gesamten Vermögens*
>
> *Herr Mustermann steht unter Betreuung. In seinem Vermögen befindet sich lediglich eine Eigentumswohnung. Diese möchte er mithilfe seines Betreuers – gegen Einräumung eines lebenslangen Wohnrechts für ihn – auf seine Tochter übertragen.*

Eine Verfügung über das gesamte Vermögen ist immer genehmigungsbedürftig, auch wenn wie im Beispielsfall eine Gegenleistung (Wohnrecht) gewährt wird.

> *Beispiele: Verfügungen über das gesamte Vermögen*
>
> - *Erbteilsübertragungen,*
> - *Veräußerung einer Erbschaft,*
> - *Begründung oder Aufhebung der Gütergemeinschaft.*

Verfügungen über Forderungen und Wertpapiere

Die Verfügung über eine Forderung oder über ein anderes Recht, kraft dessen der Betreute eine Leistung verlangen kann, sowie über ein Wertpapier des Betreuten bedarf der Genehmigung des Betreuungsgerichts.

Das Genehmigungserfordernis gilt zunächst erst einmal für Geldforderungen. Als Geldforderung im weiteren Sinne sind auch andere Rechte zu verstehen, wie z. B. Reallasten, Hypotheken, Grund- und Rentenschulden.

Um eine Verfügung handelt es sich beispielsweise, wenn eine Grundschuld/Hypothek bestellt oder aufgehoben, ein Anspruch abgetreten oder eine Forderung erlassen wird.

Ausnahme: Einer Genehmigung bedarf es nicht, wenn der Zahlungsanspruch nicht mehr als 3.000,00 EUR beträgt oder das Guthaben sich auf einem Girokonto befindet, über welches der Betreuer genehmigungsfrei verfügen darf. Genehmigungsfrei ist auch die Verfügung von Guthaben auf einem vom Betreuer für Verfügungsgeld ohne Sperrvereinbarung eröffnetem Anlagekonto.

Erbschaften

Erbt der Betreute und soll die Erbschaft ausgeschlagen werden, weil beispielsweise der Nachlass überschuldet ist, bedarf die Ausschlagung der Erbschaft oder eines Erbteils der betreuungsgerichtlichen Genehmigung. Dasselbe gilt, wenn der Betreute mit einem Vermächtnis bedacht wird.

Die Anfechtung der Annahme einer Erbschaft bedarf ebenfalls der betreuungsgerichtlichen Genehmigung. Die Annahme eines Vermächtnisses kann der Betreuer hingegen anfechten. In diesem Fall besteht kein Genehmigungserfordernis.

Definition: Vermächtnis

Das Vermächtnis ist die Zuwendung bestimmter Vermögensgegenstände mittels eines Testamentes oder Erbvertrages.

Ein Vertrag, in dem der Betreute auf seinen künftigen Pflichtteilsanspruch verzichtet oder in dem der Erlass eines bereits angefallenen Pflichtteils festgeschrieben wird, bedarf auch der betreuungsgerichtlichen Genehmigung.

Dasselbe gilt, wenn der Betreute einen Erbteilungsvertrag abschließen möchte. Mit einem Erbteilungsvertrag heben die Erben hinsichtlich des Nachlasses oder zumindest in Teilen davon die Erbengemeinschaft auf.

Definition: Erbengemeinschaft

Nach deutschem Recht besteht eine Erbengemeinschaft aus mehreren Erben, die gemeinschaftlich in die Rechte und Pflichten des Verstorbenen eintreten.

Wurde die Erbschaft für den Betreuten angenommen, so haftet dieser als Erbe grundsätzlich komplett für sämtliche Nachlassverbindlichkeiten. Der Betreute haftet daher auch mit seinem eigenen Vermögen.

Der Betreuer sollte sich aus diesem Grund unbedingt darum bemühen, das Privatvermögen des Betreuten und die Erbschaftsmasse zu trennen. Dies geschieht, indem die Haftung auf den Nachlass beschränkt wird.

Kreditaufnahme

Sämtliche Geschäfte, durch die eine Verpflichtung des Betreuten zur Rückzahlung von einmal zur Verfügung gestelltem Geld begründet wird, bedürfen der betreuungsgerichtlichen Genehmigung.

> ***Beispiele: Zur Rückzahlung verpflichtende Geschäfte***
>
> *Darunter fallen Geschäfte, die*
>
> - *der Aufnahme eines (Verbraucher-)Darlehens,*
> - *dem Abschluss eines Darlehensvorvertrages,*
> - *dem Abschluss eines Teilzahlungskredites oder*
> - *dem Abschluss finanzierter Abzahlungskäufe*
>
> *dienen.*

Der Genehmigung bedarf es ausnahmsweise nicht, wenn die auf einem Girokonto des Betreuten eingeräumte Überziehungsmöglichkeit genutzt wird.

Schenkungen

Das grundsätzliche Schenkungsverbot wurde mit der Reform abgeschafft. Schenkungen können nunmehr vorgenommen werden, müssen allerdings beim Betreuungsgericht beantragt und von diesem genehmigt werden.

Wie bereits vor der Reform, sind Schenkungen, die auf einer sittlichen Pflicht oder einer auf den Anstand zu nehmenden Rücksicht beruhen, zulässig und auch nicht genehmigungsbedürftig. Zu dieser Kategorie Schenkungen gehört, z. B. die finanzielle Unterstützung enger Angehöriger; auch Schenkungen, die im Interesse der Erhaltung des Familienfriedens getätigt wurden (Schenkungen zur Hochzeit, Geburtstagen, Weihnachten etc.), fallen darunter.

Schenkungen aus dem Vermögen des Betreuten sind dann zulässig, wenn sie dem Willen und dem Interesse des Betreuten entsprechen. Weitere Voraussetzung ist, dass der Betreute auch über entsprechendes Vermögen verfügt. Es ist darauf abzustellen, ob der Betreute in der Vergangenheit entsprechende Geschenke gemacht hat.

Berufsbetreuer dürfen keine Schenkungen von der betreuten Person annehmen, es sei denn, es handelt sich um geringwertige Aufmerksamkeiten.

Vorherige oder nachträgliche Genehmigung?

Betreuungsgerichtliche Genehmigungen sollten grundsätzlich vor einer genehmigungspflichtigen Rechtshandlung eingeholt werden. Nachträglich genehmigte Verträge werden mit der Mitteilung der Genehmigung an den Vertragspartner wirksam.

Das Rechtsgeschäft ist nicht schon mit Erteilung der gerichtlichen Genehmigung wirksam. Der Vertragspartner muss vom Betreuer ausdrücklich über die nachträglich durch das Betreuungsgericht erteilte Genehmigung in Kenntnis gesetzt werden.

Vorab vom Betreuungsgericht genehmigte ein- und mehrseitige Rechtsgeschäfte werden ohne eine solche Mitteilung mit ihrer Vornahme wirksam.

Definition: Mehrseitiges Rechtsgeschäft

Ein mehrseitiges Rechtsgeschäft ist z. B. der Abschluss eines Vertrages, da hierfür die Willenserklärungen von mindestens zwei Personen erforderlich sind.

Definition: Einseitiges Rechtsgeschäft

Bei einseitigen Rechtsgeschäften gibt nur eine Person eine Willenserklärung ab. Einseitige Rechtsgeschäfte sind z. B. die Anfechtung, Kündigung etc.

Bei Vornahme eines einseitigen Rechtsgeschäfts ist zwingend vorab die Genehmigung durch das Betreuungsgericht einzuholen. Ansonsten ist das Rechtsgeschäft nichtig.

> ### Beispiel: Unwirksame Wohnraumkündigung
>
> *Der Betreuer kündigt die Wohnung des von ihm betreuten Herrn Mustermann. Eine Vorabgenehmigung durch das Betreuungsgericht hat der Betreuer nicht eingeholt. Die Kündigung ist unwirksam, das Mietverhältnis besteht also mit all seinen Rechten und Pflichten weiter fort. Der Betreuer hat sich mit seinem pflichtwidrigen Verhalten unter Umständen schadensersatzpflichtig gemacht.*

Diese nichtigen einseitigen Rechtsgeschäfte sind gegebenenfalls mit Genehmigung des Betreuungsgerichts nochmals vorzunehmen. Im Beispielsfall bedeutet dies, dass der Betreuer sich an das Betreuungsgericht wenden und die Genehmigung für die Kündigung der Wohnung einholen muss.

Bei mehrseitigen Rechtsgeschäften verbleibt bei der nachträglichen Genehmigung das Risiko für den Betreuer, dass das Betreuungsgericht die Genehmigung verweigert.

Befreiungen vom Genehmigungserfordernis

Eltern, Ehegatten, eingetragene Lebenspartner, Kinder und Enkel des Betreuten sowie Vereins- und Behördenbetreuer sind von Gesetzes wegen sogenannte befreite Betreuer.

Diese gesetzlich befreiten Betreuer sind im Rahmen der Vermögenssorge von folgenden Beschränkungen befreit:

- Anbringung eines Sperrvermerks,
- Verfügung über Geldanlagen,
- Verfügungen über Forderungen und Wertpapiere,
- Hinterlegung von Inhaberpapieren,
- Sperrung von Buchforderungen,
- jährliche Rechnungslegungspflicht gegenüber dem Betreuungsgericht.

Die Pflicht zur Erstellung einer Schlussrechnung bei Beendigung der Betreuung bleibt auch für befreite Betreuer bestehen.

Alle anderen Betreuer können auf Antrag von einzelnen oder allen Verpflichtungen, für die das Erfordernis einer betreuungsgerichtlichen Genehmigung besteht, befreit werden. Der Antrag ist beim Betreuungsgericht zu stellen.

Für die Frage, wovon befreit werden kann, sind zwei Fallgruppen zu unterscheiden. Die erste Gruppe betrifft vorrangig die Sicherheit von Geldanlagen.

Beispiel: Sichere Geldanlage

Die Geldanlage gilt als sicher, wenn sie Zinsen abwirft und nicht spekulativ ist.

Die zweite Gruppe zielt vorrangig auf den Schutz des Betreuten vor Veruntreuung durch den Betreuer ab.

Beispiel: Veruntreuungsschutz

Dem Schutz des Betreuten vor Veruntreuung dienen

- *die Einrichtung einer Kontosperrung,*
- *Verfügungen über Forderungen und Wertpapiere.*

Es existieren zwei verschiedene gesetzliche Befreiungsmöglichkeiten mit unterschiedlichen Voraussetzungen.

Bei der ersten Befreiungsmöglichkeit ist Voraussetzung, dass das Wohl bzw. das Interesse des Betreuten nicht gefährdet wird. Die Befreiung vom Genehmigungserfordernis wird vom Betreuungsgericht erteilt, wenn

- der Umfang der Vermögenssorge die Befreiung rechtfertigt und
- eine Gefährdung des Vermögens des Betreuten nicht zu befürchten ist.

In der Regel liegt ein geringer Umfang der Vermögenssorge vor, wenn das bewegliche Vermögen (Grundbesitz wird dabei nicht berücksichtigt) des Betreuten den Betrag von 6.000,00 EUR nicht übersteigt. Das bewegliche Vermögen umfasst unter anderem Bargeld, Schmuck, Haushaltsgegenstände usw.

Die Gefährdung des Vermögens des Betreuten kann bei Vorliegen von Umständen angenommen werden, die ihre Ursache in der Art des Vermögens haben. Insbesondere spekulative Anlagen bedürfen einer besonderen Überwachung. In diesen Fällen wird vom Genehmigungserfordernis keine Befreiung durch das Betreuungsgericht erteilt werden.

Die zweite, gesetzliche Befreiungsmöglichkeit setzt voraus, dass wegen der Zuverlässigkeit und Vertrauenswürdigkeit des Betreuers eine Gefährdung des Vermögens des Betreuten nicht zu befürchten ist.

Auf den Punkt gebracht

- Im Rahmen der Vermögenssorge hat der Betreuer die finanziellen Interessen des Betreuten zu schützen.
- Hierfür muss er Ansprüche des Betreuten verfolgen und unberechtigte Ansprüche Dritter abwehren.
- Die meisten Rechtsgeschäfte im Bereich der Vermögenssorge muss sich der Betreuer vom Betreuungsgericht genehmigen lassen. Der Betreuer sollte rechtzeitig vor Vornahme des Rechtsgeschäfts das Betreuungsgericht schriftlich informieren und die Erteilung der Genehmigung anregen.
- Ist die vorherige Erteilung der Genehmigung zum Abschluss eines Vertrages nicht möglich, ist der Geschäftspartner auf den Genehmigungsvorbehalt aufmerksam zu machen.

Das gerichtliche Betreuungsverfahren

Wie kommt es zu einem Betreuungsverfahren?

Das Betreuungsverfahren kann auf Antrag des Betroffenen oder von Amts wegen eingeleitet werden. Körperlich kranken oder behinderten Betroffenen kann nur auf eigenen Antrag hin ein Betreuer zur Seite gestellt werden, es sei denn, der Betroffene kann seinen Willen nicht äußern.

! Bei Einleitung des Betreuungsverfahrens auf Antrag des Betroffenen kann die Einholung eines Sachverständigengutachtens entfallen. Ein ärztliches Zeugnis kann ausreichend sein.

! Der Antrag kann von der körperlich kranken oder behinderten Person auch jederzeit zurückgenommen und damit ein laufendes Betreuungsverfahren beendet werden.

In den übrigen Fällen, also wenn das Betreuungsverfahren von Amts wegen eingeleitet wird, entscheidet das Betreuungsgericht auch ohne Antrag des Betroffenen. Ärzte, soziale Dienste, Angehörige, Nachbarn des Betroffenen oder Mitarbeiter eines Pflegeheims können keinen eigenen Antrag stellen. Sie können dem Betreuungsgericht aber eine entsprechende Anregung geben, wenn wahrgenommen wird, dass eine Person nicht mehr in der Lage ist, ohne fremde Hilfe einzelne Lebensbereiche zu meistern. Das Gericht eröffnet dann von Amts wegen ein Betreuungsverfahren.

Welches Gericht ist zuständig?

Sachlich zuständig für die Betreuerbestellung ist in erster Linie das Amtsgericht und innerhalb des Amtsgerichts das Betreuungsgericht. Die örtliche Zuständigkeit richtet sich nach dem Ort, an dem der Betroffene zum Zeitpunkt der Antragstellung seinen gewöhnlichen Aufenthalt hat. Der gewöhnliche Aufenthalt befindet sich dort, wo der Betroffene sich hauptsächlich aufhält.

Die Meldeadresse ist dabei nicht von Bedeutung. Es kommt allein auf den tatsächlichen gewöhnlichen Lebensmittelpunkt an.

Wie ist die Stellung des Betroffenen im Verfahren?

Der Betroffene ist unabhängig von gesundheitlichen Einschränkungen rechtlich verfahrensfähig. Das bedeutet, dass er selbst Anträge stellen und gegen die gerichtliche Entscheidung mit Rechtsmitteln angehen kann.

Das Gericht muss den Betroffenen bei Einleitung des Verfahrens in für ihn verständlicher Weise über den möglichen Verlauf des Verfahrens, die Aufgaben des Betreuers sowie die Kosten, die allgemein aus der Bestellung eines Betreuers entstehen können, informieren.

Von wenigen Ausnahmen abgesehen, muss das Gericht den Betroffenen vor der Anordnung der Betreuung persönlich anhören und sich einen persönlichen Eindruck von ihm verschaffen. Dadurch soll sichergestellt werden, dass das Gericht bessere Erkenntnisse von der Persönlichkeit des Betroffenen, seinem sozialen Umfeld sowie seinen Angelegenheiten gewinnt.

Den persönlichen Eindruck soll sich das Betreuungsgericht in der üblichen Umgebung des Betroffenen verschaffen, wenn der Betroffene es verlangt, oder wenn es der Sachaufklärung dient und der Betroffene nicht widerspricht.

Beispiele

Zur üblichen Umgebung gehören insbesondere die Wohnung des Betroffenen, ein Heim oder ein Krankenhaus.

Andernfalls findet die Anhörung im Betreuungsgericht statt.

Beispiele: Keine persönliche Anhörung notwendig

In den folgenden zwei Fällen, kann das Gericht von der persönlichen Anhörung absehen:

- *Ein eingeholtes ärztliches Gutachten (ärztliches Zeugnis oder Attest genügen nicht) bestätigt, dass für den Betroffenen erhebliche gesundheitliche Nachteile durch die Anhörung zu befürchten sind.*
- *Der Betroffene ist nicht in der Lage, seinen Willen kundzutun.*

Sieht das Betreuungsgericht von der Anhörung ab, muss es zwingend einen Verfahrenspfleger bestellen.

An der Anhörung nehmen neben dem Betroffenen und dem Richter nur der Sachverständige und ein für den Betroffenen bestellter Verfahrenspfleger teil.

Der Verfahrenspfleger hat ein Anwesenheitsrecht bei der Anhörung des Betroffenen, auch wenn dieser der Anwesenheit widersprochen hat. Dasselbe gilt für den Sachverständigen.

Der Betroffene kann in Ausnahmefällen zwangsweise dem Betreuungsgericht vorgeführt werden. Zu einer solchen Maßnahme darf jedoch nur gegriffen werden, wenn der Betroffene vor der Anhörung bereits einmal geäußert bzw. gezeigt hat, dass er am Gerichtsverfahren nicht mitwirken will.

Der Betroffene darf in einem Betreuungsverfahren nicht gegen seinen Willen in seiner Wohnung angehört und/oder durch einen Sachverständigen begutachtet werden. Für diese Fälle ist die Zwangsvorführung vorgesehen.

In der Anhörung werden mit dem Betroffenen folgende Punkte erörtert:

- das gerichtliche Verfahren,
- das Ergebnis des eingeholten Sachverständigengutachtens,
- der Umfang des Aufgabenkreises,
- der Zeitpunkt, bis zu dem das Betreuungsgericht über eine Aufhebung oder Verlängerung der Betreuung zu entscheiden hat,
- welche Person als Betreuer in Betracht kommt.

In geeigneten Fällen hat das Gericht den Betroffenen auf die Möglichkeit einer Vorsorgevollmacht hinzuweisen.

Vor Bestellung eines Betreuers muss das Gericht auch die zuständige Betreuungsbehörde anhören. Die Anhörung der Behörde soll vor der Einholung eines Sachverständigengutachtens erfolgen und sich insbesondere auf folgende Punkte beziehen:

- persönliche, gesundheitliche und soziale Situation des Betroffenen,
- Erforderlichkeit der Betreuung einschließlich geeigneter anderer Hilfen,
- Betreuerauswahl unter Berücksichtigung des Vorrangs der Ehrenamtlichkeit,
- diesbezügliche Sichtweise des Betroffenen.

Der Betroffene kann verlangen, dass eine ihm nahestehende, nicht am Verfahren beteiligte Person anzuhören ist, wenn dies ohne erhebliche Verzögerung des Verfahrens möglich ist.

Wann wird ein Verfahrenspfleger bestellt?

Das Betreuungsgericht bestellt für den Betroffenen einen Pfleger für das Gerichtsverfahren, soweit dies für die Wahrnehmung der Interessen des Betroffenen erforderlich ist.

In den folgenden Fällen bestellt das Gericht zwingend einen Verfahrenspfleger (wobei die Aufzählung nicht abschließend ist):

- von der persönlichen Anhörung des Betroffenen soll abgesehen werden,

- ein Betreuer soll bestellt oder die Anordnung eines Einwilligungsvorbehalts gegen den erklärten Willen des Betroffenen soll erfolgen,
- Genehmigung einer Einwilligung des Betreuers in die Sterilisation des Betroffenen,
- Genehmigung zu der Entscheidung des Betreuers gegen eine lebenserhaltende oder -verlängernde Behandlung des Patienten,
- Genehmigung zu einer Wohnungskündigung.

Der Verfahrenspfleger soll dem Betroffenen erläutern, wie das gerichtliche Verfahren abläuft, ihm Mitteilungen des Gerichtes erklären und ihn so im Gerichtsverfahren unterstützen. Der Verfahrenspfleger soll auch Wünsche des Betroffenen an das Gericht übermitteln, damit diese in die gerichtliche Entscheidung mit einfließen können.

Bei der Bestellung eines Verfahrenspflegers soll das Gericht vorrangig ehrenamtlich tätige Personen bestellen. Das sind in der Regel Vertrauenspersonen aus dem Familien-, Freundes- und Bekanntenkreis des Betroffenen. Steht keine geeignete ehrenamtliche Person zur Verfügung, können auch berufsmäßige Verfahrenspfleger bestellt werden. Dies sind meist Mitarbeiter von Betreuungsvereinen und Rechtsanwälte.

Die Bestellung eines Verfahrenspflegers unterbleibt, wenn der Betroffene von einem Rechtsanwalt oder einem anderen geeigneten Verfahrensbevollmächtigten vertreten wird.

Auf die Bestellung eines Verfahrenspflegers kann der Betroffene nicht verzichten, da der Verfahrenspfleger ja gerade zur Unterstützung des Betroffenen da ist.

Wie ist die Stellung des Sachverständigen im Verfahren?

Hält der Richter die Anordnung einer Betreuung für erforderlich oder soll ein Einwilligungsvorbehalt angeordnet werden, muss er – bis auf wenige Ausnahmen – immer ein Sachverständigengutachten in Auftrag geben.

Ausnahme: Ein körperlich kranker oder behinderter Betroffener stellt einen Antrag auf Einrichtung einer Betreuung.

Ein ärztliches Zeugnis ersetzt ein gerichtliches Gutachten nur, wenn der Betroffene die Betreuerbestellung selbst beantragt und auf die Begutachtung verzichtet hat und die Einholung eines Gutachtens im Hinblick auf den Umfang des Aufgabenkreises des Betreuers unverhältnismäßig wäre. In Eilfällen genügt ein ärztliches Zeugnis, wobei die Begutachtung durch einen Sachverständigen nachgeholt werden muss. Liegen Gutachten des medizinischen Dienstes der Krankenversicherung vor, kann das Gericht zur Verfahrensbeschleunigung auf diese zurückgreifen.

Der Betroffene oder sein Verfahrenspfleger muss der Verwertung des Gutachtens des medizinischen Dienstes allerdings zustimmen.

Der Sachverständige hat vor Erstattung seines Gutachtens den Betroffenen persönlich zu untersuchen oder zu befragen.

Das Gutachten muss Aussagen über die Notwendigkeit und den Umfang der Betreuung sowie der voraussichtlichen Dauer der Maßnahme treffen. Des Weiteren muss das Gutachten sich mit dem Krankheitsbild einschließlich der Krankheitsentwicklung des Betroffenen befassen, Angaben über seinen körperlichen und psychiatrischen Zustand enthalten und die durchgeführten Untersuchungen offenlegen.

Entscheidung des Betreuungsgerichts

Kommt das Gericht aufgrund seiner persönlichen Wahrnehmungen und des Inhaltes des Sachverständigengutachtens zu dem Ergebnis, dass die Voraussetzungen für die Anordnung einer Betreuung vorliegen, wird für den Betroffenen ein Betreuer bestellt. Daneben wird der Aufgabenkreis unter Benennung der einzelnen Aufgabenkreise des Betreuers bestimmt.

Das Gericht entscheidet durch Beschluss.

Der Beschluss ist dem Betroffenen, dem Betreuer, dem Verfahrenspfleger und der zuständigen Betreuungsbehörde bekannt zu geben.

Der Betreuer wird daher vom Betreuungsgericht persönlich über seine Pflichten informiert. Der Betreuer erhält eine Urkunde, den Betreuerausweis, über seine Bestellung.

Die Urkunde ist vom Betreuer sorgfältig aufzubewahren. Das Original sollte niemals an Dritte übersandt werden. (Beglaubigte) Kopien in Verbindung mit einem Personalausweis reichen in der Regel aus, um sich im Rechtsverkehr auszuweisen.

Bei der mündlichen Verpflichtung des Betreuers handelt es sich um eine persönliche Pflicht: Der Betreuer muss daher selbst vor Gericht erscheinen. In diesem Rahmen wird ihm der Betreuerausweis ausgehändigt und er wird über seine Aufgaben unterrichtet. Die Unterrichtung des Betreuers soll sicherstellen, dass er über seine Rechte und Pflichten ausreichend informiert und sich seiner Rolle als gesetzlicher Vertreter des Betreuten bewusst wird. Durch die Unterrichtung soll sichergestellt werden, dass der Betreuer sein Amt in ausreichendem Maß wahrnehmen und führen kann. Der Betreuer wird im Gespräch auf Betreuungs- und Beratungsangebote hingewiesen.

Die Unterrichtung und mündliche Verpflichtung entfällt bei Berufsbetreuern, Vereins- und Behördenbetreuern sowie bei ehrenamtlichen Betreuern, die mehr als eine Betreuung führen oder in den letzten zwei Jahren geführt haben. Der Grund hierfür ist, dass bei diesen Personen davon ausgegangen werden kann, dass sie ausreichende Kenntnis über das Amt des Betreuers haben.

Das Gericht hat spätestens nach sieben Jahren zu prüfen, ob die Voraussetzungen für die Anordnung einer Betreuung noch vorliegen. Sind die Voraussetzungen weggefallen, ist die Betreuung wieder aufzuheben.

Ansonsten erlischt die Betreuung automatisch, wenn der Betreute verstirbt.

Eilverfahren

Betreuungsverfahren nehmen, vor allem bei Hinzuziehung eines Gutachters, einige Zeit in Anspruch. Es gibt jedoch Fälle, in denen rasch gehandelt werden muss. In einem vereinfachten Verfahren kann das Betreuungsgericht durch einstweilige Anordnung einen vorläufigen Betreuer bestellen, ihn entlassen, seinen Aufgabenkreis vorläufig erweitern oder einen vorläufigen Einwilligungsvorbehalt anordnen. Diese Eilmaßnahmen sind jedoch nur unter bestimmten Voraussetzungen zulässig. Sie treten automatisch nach sechs Monaten außer Kraft. Wird ein Sachverständiger angehört, kann das Gericht weitere einstweilige Anordnungen erlassen, wobei eine einstweilige Anordnung die Gesamtdauer von einem Jahr nicht überschreiten darf.

In besonders dringenden Fällen kann das Gericht sogar anstelle eines Betreuers selbst die notwendigen Maßnahmen treffen.

Unterbringungsverfahren

Für freiheitsentziehende Maßnahmen auf zivilrechtlicher Basis, also durch einen Betreuer oder Bevollmächtigten, sowie auf öffentlich-rechtlicher Basis nach den Landesgesetzen zum Schutz psychisch Kranker gelten ähnliche Grundsätze wie im Verfahren der Betreuerbestellung.

Über die Anordnung oder Genehmigung freiheitsentziehender Maßnahmen muss das Gericht durch Beschluss entscheiden. Es hat vorab ein Sachverständigengutachten über die Notwendigkeit und voraussichtliche Dauer der Maßnahme einzuholen. Die Person des Sachverständigen soll Arzt oder Arzt für Psychiatrie sein oder mindestens Erfahrungen auf dem Gebiet der Psychiatrie haben.

Bei der Genehmigung oder Einwilligung in eine ärztliche Zwangsmaßnahme oder bei deren Anordnung soll der Arzt, der die Zwangsbehandlung durchführt, nicht zugleich der Sachverständige sein.

Ein Verfahrenspfleger ist zwingend erforderlich, wenn die Einwilligung in eine ärztliche Zwangsmaßnahme genehmigt werden soll.

Ordnet das Betreuungsgericht eine Unterbringung an oder genehmigt es eine solche, ist die Dauer der Unterbringung auf höchstens ein Jahr zu befristen. Zeichnet sich eine längere Unterbringungsbedürftigkeit ab, kann diese auf höchstens zwei Jahre befristet werden. Eine Verlängerung der Unterbringung ist möglich. Erfolgt die Unterbringung auf Grundlage einer einstweiligen Anordnung, so darf sie eine Gesamtdauer von drei Monaten nicht überschreiten.

Die Genehmigung einer Einwilligung in eine ärztliche Zwangsmaßnahme oder deren Anordnung darf die Dauer von sechs Wochen nicht überschreiten, wenn sie vorher nicht verlängert wird.

Kann gegen die Gerichtsentscheidung vorgegangen werden?

Gegen die Bestellung eines Betreuers kann der Betroffene selbst Beschwerde, also Rechtsmittel, einlegen. Die Beschwerdefrist beträgt in der Regel einen Monat.

In bestimmten Fällen muss die Beschwerde sogar innerhalb von zwei Wochen eingelegt werden! Dies betrifft gerichtliche Entscheidungen, die im Wege der einstweiligen Anordnung (Eilverfahren) ergangen sind oder die Genehmigung eines Rechtsgeschäfts zum Gegenstand haben.

Hat der Betroffene die Betreuung selbst beantragt, so haben die Angehörigen kein Beschwerderecht. Hat das Gericht die Betreuung von Amts wegen angeordnet, also beispielsweise auf Anregung eines Angehörigen, haben außer dem Betreuten folgende Personen ein eigenes Beschwerderecht gegen die Anordnung der Betreuung:

- Ehegatte oder eingetragener Lebenspartner, wenn sie vom Betreuten nicht dauernd getrennt leben, Eltern, Großeltern, Pflegeeltern, Abkömmlinge des Betroffenen sowie dessen Geschwister,
- Vertrauensperson des Betroffenen.

Die vorgenannten Personen haben jedoch nur dann ein eigenes Beschwerderecht, wenn sie am gerichtlichen Betreuungsanordnungsverfahren beteiligt worden sind.

Zusätzlich ist der Verfahrenspfleger beschwerdeberechtigt. Der Betreuer oder Vorsorgebevollmächtigte kann im Namen des Betroffenen Beschwerde einlegen gegen eine Entscheidung, die deren Aufgabenkreis betrifft.

Über die Beschwerde entscheidet das Landgericht. Gegen die Beschwerdeentscheidung des Landgerichts ist die Rechtsbeschwerde zum Bundesgerichtshof möglich, wenn das Landgericht als Beschwerdegericht die Rechtsbeschwerde in seiner Entscheidung zugelassen hat.

Die Rechtsbeschwerde kann nur durch einen beim Bundesgerichtshof zugelassenen Rechtsanwalt eingelegt werden.

Die Rechtsbeschwerde muss ausnahmsweise in folgenden Fällen nicht gesondert zugelassen werden:

- Bestellung eines Betreuers,
- Aufhebung einer Betreuung,
- Anordnung oder Aufhebung eines Einwilligungsvorbehaltes,
- Unterbringungssachen mit freiheitsentziehenden Maßnahmen,
- Freiheitsentziehungssachen.

Welches Rechtsmittel jeweils einzulegen ist, ergibt sich aus den Rechtsmittelbelehrungen des Gerichts. Diese Belehrungen hat das Gericht bei jeder Entscheidung beizufügen.

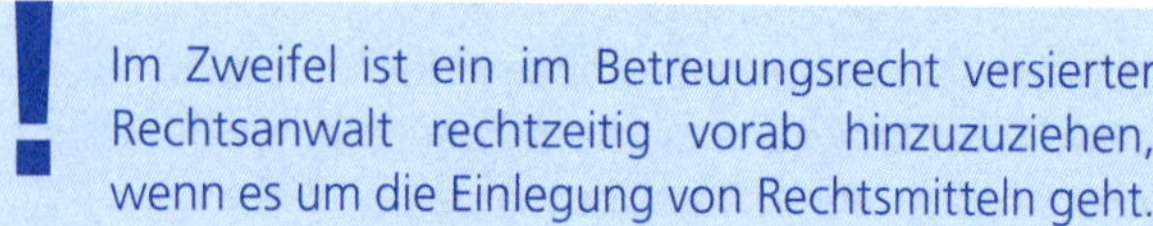

Im Zweifel ist ein im Betreuungsrecht versierter Rechtsanwalt rechtzeitig vorab hinzuzuziehen, wenn es um die Einlegung von Rechtsmitteln geht.

Gegen Beschlüsse auf Festsetzung der Vergütung ist Beschwerde innerhalb einer Frist von einem Monat einzulegen.

Auf den Punkt gebracht

- Für Betreuungsverfahren ist das Amtsgericht zuständig.
- Betreuungsverfahren werden auf Antrag des Betroffenen oder auf Anregung von Ärzten, Angehörigen, Nachbarn etc. eingeleitet.
- Hält das Gericht die Anordnung der Betreuung für erforderlich, wird ein Sachverständigengutachten in Auftrag gegeben.
- Gegen unerwünschte Entscheidungen des Betreuungsgerichts kann mithilfe der Beschwerde vorgegangen werden.

Notvertretungsrecht für Eheleute

Vor dem 1.1.2023 konnten Ehegatten keine Entscheidungen über medizinische Behandlungen des anderen Ehegatten entscheiden und ihn diesbezüglich im Rechtsverkehr vertreten, wenn dieser nicht mehr handlungsfähig war. Nur wenn die Ehegatten sich wechselseitig bevollmächtigt hatten oder als rechtliche Betreuer bestellt waren, konnte eine Vertretung des anderen Ehegatten erfolgen.

Seit dem 1.1.2023 können Ehegatten in Not- und Akutsituationen unter gewissen gesetzlichen Voraussetzungen für einen begrenzten Zeitraum ihren handlungsunfähigen Ehegatten in einer Krankheitssituation vertreten. Das Vertretungsrecht ist dabei auf Angelegenheiten der Gesundheitssorge und damit eng zusammenhängende Angelegenheiten beschränkt.

Was sind die Voraussetzungen des Notvertretungsrechts?

Das gesetzliche Notvertretungsrecht unter Ehegatten besteht nur unter folgenden Voraussetzungen:

- Der erkrankte Ehegatte kann seine Angelegenheiten der Gesundheitssorge aufgrund von Bewusstlosigkeit oder Krankheit selbst nicht regeln.
- Die Ehegatten leben nicht getrennt im Sinne des Gesetzes. Dabei geht es darum, dass sie im Sinne einer ehelichen Lebensgemeinschaft noch zusammen sind. Unschädlich ist es, wenn ein Ehegatte zu Hause und der andere im Pflegeheim lebt.

Definition: Trennung

Die Ehegatten leben getrennt, wenn keine häusliche Gemeinschaft zwischen beiden mehr besteht und mindestens ein Ehegatte die eheliche Lebensgemeinschaft ablehnt und sie nicht mehr wieder herstellen will.

- Die Vertretung im Bereich der Gesundheitssorge ist nicht bereits durch eine Vorsorge- oder Generalvollmacht oder Betreuung geregelt.
- Ein entgegenstehender Wille des erkrankten Ehegatten gegen die Vertretung ist nicht bekannt.

Der Widerspruch gegen das Notvertretungsrecht kann im Zentralen Vorsorgeregister der Bundesnotarkammer hinterlegt werden.

Ein Ehegatte ist nicht verpflichtet, das Notvertretungsrecht auszuüben. Fühlt sich der Ehegatte dazu außerstande, z. B. weil er selbst aufgrund einer Erkrankung eingeschränkt oder auch mit der Situation überfordert ist, muss beim zuständigen Betreuungsgericht die Einleitung eines Betreuungsverfahrens angeregt werden.

Wie lange gilt das Notvertretunsgrecht?

Das gesetzliche Notvertretungsrecht ist auf einen Zeitraum von sechs Monaten beschränkt. Die Frist beginnt ab dem Zeitpunkt zu laufen, ab dem der behandelnde Arzt die Voraussetzungen für den Eintritt des Notvertretungsrechts bestätigt hat.

Für den Eintritt des Notvertretungsrechts ist Voraussetzung, dass ein Ehegatte aufgrund von Krankheit oder Bewusstlosigkeit seine Angelegenheiten der Gesundheitssorge rechtlich nicht besorgen kann.

Es gibt keine Verlängerung des Notvertretungsrechts. Ist vor Ablauf der sechs Monate absehbar, dass der betroffene Ehegatte auch über die sechs Monate hinaus seine Angelegenheiten der Gesundheitssorge nicht wird besorgen können, dann ist rechtzeitig ein betreuungsgerichtliches Verfahren einzuleiten.

Welchen Umfang hat das Notvertretungsrecht?

Das Notvertretungsrecht beschränkt sich auf Angelegenheiten des Gesundheitssorge und auf eng damit zusammenhängende Rechtsgeschäfte. In folgenden Angelegenheiten kann der Betroffene von seinem Ehegatten vertreten werden:

- Entscheidungen über Untersuchungen des Gesundheitszustandes, Heilbehandlungen oder ärztliche Eingriffe sowie Entgegennahme ärztlicher Aufklärung,
- Abschluss von Behandlungsverträgen, Krankenhausverträgen oder auch den Abschluss von unaufschiebbaren Maßnahmen der Rehabilitation und Pflege,
- Entscheidung über freiheitsentziehende Maßnahmen während eines Krankenhaus- oder Heimaufenthaltes oder in einer anderen Einrichtung, soweit die Dauer der Maßnahme einen Zeitraum von sechs Wochen nicht überschreitet.

Freiheitsentziehende Maßnahmen bedürfen immer der Genehmigung des Betreuungsgerichts.

Die Geltendmachung von Ansprüchen, die im Zusammenhang mit der Erkrankung entstehen, z. B. gegenüber der Kranken- oder Pflegekasse, dem Unfall- oder Rentenversicherer etc.

Der vertretungsberechtigte Ehegatte darf keine Zahlung der Leistungen an sich verlangen. Er darf verlangen, dass die geltend gemachten Leistungen entweder direkt an den Leistungserbringer (z. B. Krankenhaus, Therapieeinrichtung etc.) bezahlt werden oder er kann den Anspruch an den Leistungserbringer abtreten, damit dieser direkt mit dem Kostenträger abrechnen kann.

Bei Bestehen des Notvertretungsrechts sind die behandelnden Ärzte gegenüber dem vertretungsberechtigten Ehegatten von der Schweigepflicht entbunden. Der vertretungsberechtigte Ehegatte darf die Krankenunterlagen einsehen und deren Weiterleitung an Dritte, z. B. der Krankenkasse, bewilligen.

Auf den Punkt gebracht

- Seit dem 1.1.2023 existiert ein gesetzliches „Notvertretungsrecht" unter Ehegatten in Gesundheitsangelegenheiten.
- Die Ehegatten dürfen nicht rechtlich getrennt voneinander leben.
- Das „Notvertretungsrecht" ist zeitlich auf sechs Monate beschränkt und nicht verlängerbar.

Vorsorgevollmacht und Betreuungsverfügung

Zur Vermeidung einer Betreuung ist es – vor Eintritt des Betreuungsfalles – sinnvoll, eine Vorsorgevollmacht oder Betreuungsverfügung zu errichten. Liegt eine Vorsorgevollmacht oder eine Betreuungsverfügung vor, wird in der Regel kein Betreuungsverfahren eingeleitet bzw. für die entsprechenden Aufgabenkreise kein Betreuer bestellt.

Was ist eine Vorsorgevollmacht?

Jeder Mensch kann durch Unfall, Krankheit oder Alter in die Situation kommen, dass er alle bzw. wichtige Angelegenheiten seines Lebens nicht mehr selbst regeln kann.

Ein Irrglaube ist, dass in diesen Situationen die Betroffenen von ihren Angehörigen automatisch vertreten werden können. Seit dem 1.1.2023 gibt es ein zeitlich beschränktes gesetzliches Notvertretungsrecht, allerdings nur für Ehegatten. Dieses gilt nur für die Gesundheitssorge in Akut- oder Notsituationen.

Durch die Errichtung einer Vorsorgevollmacht kann die gesetzlich nicht vorgesehene Vertretungsmacht künstlich hergestellt und eine Person zur Vornahme rechtswirksamer Handlungen ermächtigt werden, an denen der Betroffene selbst infolge eigener Handlungs- und Entscheidungsunfähigkeit gehindert ist.

Von einer Vorsorgevollmacht spricht man, wenn die Vollmacht aus Gründen der späteren alters-, unfall- oder krankheitsbedingten Handlungs- und Entscheidungsunfähigkeit des Vollmachtgebers erteilt wird. Die Vorsorgevollmacht kann sich dabei auf alle Lebensbereiche erstrecken und den Bevollmächtigten berechtigen, über alle anstehenden vermögensrechtlichen und persönlichen Fragen zu entscheiden. Die Vollmacht kann aber auch auf einzelne Lebensbereiche begrenzt werden, z. B. den Vermögensbereich.

Wird die Vollmacht nur auf bestimmte Aufgabenkreise beschränkt, kann für andere Aufgaben eine Betreuerbestellung erforderlich werden. Das Betreuungsgericht kann unter Umständen auch den vom Betroffenen benannten Bevollmächtigten für die ergänzenden Aufgaben als Betreuer auswählen. Sind Bevollmächtigter und Betreuer aber nicht ein und dieselbe Person, kann dies zu Konflikten führen.

Umfasst die Vollmacht in wirtschaftlicher und persönlicher Hinsicht alle Aufgabenbereiche des täglichen Lebens, spricht man von einer Generalvollmacht. Die Formulierung „zur Vertretung in allen Angelegenheiten" in einer Generalvollmacht deckt aber mehrere wichtige Fälle nicht ab.

Beispiele: Durch Generalvollmacht nicht abgedeckte Fälle

Der Bevollmächtigte kann in folgenden wichtigen Fällen nicht anstelle des Betroffenen Entscheidungen treffen:

- *Zustimmung zu einer ärztlichen Untersuchung, Heilbehandlung oder einem medizinischen Eingriff, wenn hierbei Lebensgefahr für den Betroffenen besteht oder dadurch ein schwerer, länger andauernder Gesundheitsschaden zu erwarten ist,*

- *Zustimmung zu einer geschlossenen Unterbringung oder freiheitsbeschränkenden Maßnahme (z.B. Anbringung eines Bettgitters).*

Das Gesetz verlangt in diesen Fällen, dass die Vollmacht die oben genannten Befugnisse ausdrücklich bezeichnet, und dass die Vollmacht schriftlich verfasst worden ist.

Bei der Unterbringung des Vollmachtgebers sowie der Ergreifung unterbringungsähnlicher Maßnahmen muss der Bevollmächtigte, genau wie der gesetzliche Betreuer, hierzu vorab die Genehmigung des Betreuungsgerichts einholen.

Beim Verfassen einer Vorsorgevollmacht sollte darauf geachtet werden, dass die enthaltenen Regelungen so konkret wie möglich formuliert sind. Soweit möglich, sollte der gesetzliche Wortlaut für die Formulierung gewählt werden. Empfehlenswert ist die Hinzuziehung eines im Vorsorgebereich versierten Rechtsanwalts oder Notars, um die Wirksamkeit der Vorsorgevollmacht sicherzustellen.

Wer kommt als Bevollmächtigter infrage?

Je nach ihrem Umfang stattet eine Vorsorgevollmacht den Bevollmächtigten mit weitreichenden Befugnissen aus. Aus diesem Grund sollte der Bevollmächtigte eine Person sein, die das uneingeschränkte Vertrauen des Vollmachtgebers genießt. Nicht selten kommt es vor, dass der Bevollmächtigte sich aus dem Vermögen des Vollmachtgebers bedient. Die

Wunschperson muss zusätzlich auch in der Lage sein, die ihr übertragenen Aufgaben wahrzunehmen.

Vertrauenspersonen können Angehörige, gute Freunde, gegebenenfalls auch ein Rechtsanwalt oder ein Steuerberater sein. Der Bevollmächtigte muss aber geschäftsfähig sein, also das 18. Lebensjahr vollendet haben.

Personen, die zu einem Träger von Einrichtungen oder Diensten, der in der Versorgung des Volljährigen tätig ist, in einem Abhängigkeitsverhältnis oder in einer anderen engen Beziehung stehen, dürfen nicht als Bevollmächtigte ausgewählt werden. Dem Vollmachtgeber steht es frei, eine oder mehrere Personen als Bevollmächtigte einzusetzen. Entscheidet er sich für mehrere Bevollmächtigte, muss er dabei einige Punkte beachten.

Er muss klarstellen, ob die Bevollmächtigten bei gleichem Aufgabenkreis nur gemeinsam (Gesamtvertretung) oder auch einzeln (Einzelvertretung) handeln dürfen, oder ob die Bevollmächtigten in unterschiedlichen Aufgabenkreisen tätig sein sollen.

Einzelvertretung

Wenn jeder Bevollmächtigte allein handeln kann, liegt der Vorteil darin, dass bei Ausfall eines Bevollmächtigten die Vertretung des Vollmachtgebers dennoch sichergestellt ist. Die Einzelvertretung kann sich allerdings auch nachteilig auswirken, wenn die Bevollmächtigten sich untereinander nicht absprechen. Das kann zu der Situation führen, dass der eine Bevollmächtigte Rechtsgeschäfte abschließt, die der andere nie vorgenommen hätte, und umgekehrt. Die Wahrnehmung der Interessen des Vollmachtgebers kann dadurch gefährdet sein.

Aus Gründen der Rechtssicherheit sollte der Vollmachtgeber davon absehen, für ein und denselben Aufgabenkreis mehrere Bevollmächtigte zu bestimmen.

Gesamtvertretung

Bei der Gesamtvertretung müssen die Bevollmächtigten jeden Schritt miteinander abstimmen. Bei Entscheidungen für den Vollmachtgeber muss Einigkeit zwischen den Bevollmächtigten bestehen. Das kann durchaus problematisch werden. Diese Variante ist jedoch sinnvoll, wenn die Besorgnis besteht, dass einer der Bevollmächtigten allein mit der Wahrnehmung der Interessen des Vollmachtgebers überfordert ist oder der Vollmachtgeber nicht einer Person allein die gesamte Verantwortung aufbürden möchte.

Durch die Gesamtvertretung wird die Gefahr einer missbräuchlichen Verwendung der Vollmacht verringert.

Alternativen

Mehrere Bevollmächtigte können – als Alternative zur Einzelvertretung und Gesamtvertretung – in unterschiedlichen Aufgabenkreisen tätig werden.

Beispiel: Unterschiedliche Aufgabenkreise

Der Bevollmächtigte A kümmert sich um den Gesundheitsbereich und der Bevollmächtigte B um die Vermögensangelegenheiten.

Mit dieser Variante können die Bevollmächtigten sich gegenseitig nicht in die Quere kommen und können entsprechend ihrer Qualifikation gezielt eingesetzt werden, so z.B. ein Steuerberater für die Vermögensangelegenheiten.

Der Unterbevollmächtigte

Der Vollmachtgeber kann in seiner Vorsorgevollmacht auch vorsehen, dass der Bevollmächtigte weiteren Personen Untervollmacht erteilen darf. Die erteilte Untervollmacht kann sich dabei auf alle Bereiche der Vollmacht oder nur auf Einzelbereiche, z.B. den Bereich der Vermögensangelegenheiten, erstrecken.

Die Entscheidung, welcher Person Untervollmacht erteilt wird, fällt der Hauptbevollmächtigte und nicht der Vollmachtgeber!

Der Kontrollbevollmächtigte

Problematisch kann die Überwachung des Bevollmächtigten werden, wenn der Vollmachtgeber dazu nicht mehr in der Lage ist, beispielsweise bei Eintritt des Vorsorgefalles. Bestehen Anhaltspunkte, dass der Bevollmächtigte die Vollmacht nicht im Sinne des Vollmachtgebers ausübt und sein Handeln dessen Interessen entgegensteht, kann das Betreuungsgericht eine sogenannte Kontrollbetreuung einrichten. Der vom Betreuungsgericht bestellte Kontrollbetreuer hat dabei die Aufgabe, die ordnungsgemäße Ausübung der Vollmacht durch den Bevollmächtigten zu überwachen. Stellt der Kontrollbetreuer dabei fest, dass der Bevollmächtigte die

Vollmacht missbräuchlich einsetzt, muss er die Vollmacht widerrufen. Wurden für diesen Fall vom Vollmachtgeber keine Vorkehrungen getroffen, hat der Vollmachtgeber also keinen Ersatzbevollmächtigten bestimmt, wird für ihn eine amtliche Betreuung eingerichtet.

Die Einsetzung eines Kontrollbevollmächtigten in der Vorsorgevollmacht verhindert, dass das Betreuungsgericht einen Kontrollbetreuer bestellt.

Der Vollmachtgeber kann – im Gegensatz zum Unterbevollmächtigten – die Person und den Aufgabenkreis des Kontrollbevollmächtigten selbst bestimmen. Mit dem Kontrollbevollmächtigten sollte das Innenverhältnis, also das Verhältnis zwischen Vollmachtgeber und Kontrollbevollmächtigtem, zusätzlich geregelt werden, vor allem im Hinblick darauf, ob eine Vergütung der Tätigkeit erfolgen soll oder nicht.

Welche Form muss die Vorsorgevollmacht haben?

Grundsätzlich ist die Erteilung einer Vollmacht nicht an besondere Formvorschriften gebunden. Von Gesetzes wegen reicht sogar eine mündliche Vollmachterteilung aus.

Aus Gründen der Rechtssicherheit ist die Vollmacht wenigstens schriftlich anzufertigen. Andernfalls kann eine wirksame Vollmachterteilung kaum nachgewiesen werden.

In einigen Bereichen schreibt das Gesetz allerdings vor, in welcher Form die Vollmacht zu erteilen ist.

Beispiel: Formvorschriften

In folgenden Bereichen schreibt das Gesetz vor, in welcher Form die Vollmacht zu erteilen ist:

- *gegenüber dem Grundbuchamt muss der Nachweis der Vollmacht durch öffentliche/öffentlich beglaubigte Urkunden,*
- *bei der Anmeldung beim Handelsregister muss der Nachweis durch öffentlich beglaubigte Urkunden,*
- *in Gesundheitsangelegenheiten muss der Nachweis mittels schriftlicher Vollmacht und*
- *in Unterbringungssachen muss der Nachweis ebenfalls mittels schriftlicher Vollmacht*

geführt werden.

Um die Akzeptanz der Vorsorgevollmacht im Rechtsverkehr zu erhöhen, wird in der anwaltlichen Praxis häufig empfohlen, die Vorsorgevollmacht zumindest öffentlich beglaubigen zu lassen. Die öffentliche Beglaubigung bestätigt, dass die Unterschrift unter der Urkunde auch wirklich von derjenigen Person stammt, die diese unterzeichnet hat. Öffentliche Beglaubigungen nimmt jeder Notar oder auch die Betreuungsbehörde vor.

Bei Vollmachten, die nach dem 1.1.2023 von der Betreuungsbehörde beglaubigt werden, erlischt die Beglaubigungswirkung nach dem Tod des Vollmachtgebers. Die Vollmacht ist zwar über den Tod hinaus wirksam. Es können mit dieser Vollmacht aber keine Rechtsgeschäfte mehr vorgenommen werden, bei denen die Vollmacht in öffentlich beglaubigter Form nachgewiesen werden muss, z. B. bei Grundstücksgeschäften.

Von der öffentlichen Beglaubigung ist die notarielle Beurkundung zu unterscheiden. Die Vorsorgevollmacht muss immer dann notariell beurkundet werden, wenn sie der Aufnahme von Verbraucherdarlehen dient. Generell ist eine notarielle Beurkundung durchaus empfehlenswert. Vor der Beurkundung muss sich der Notar nämlich von der Geschäftsfähigkeit des Vollmachtgebers überzeugen. Aus diesem Grund hat die notariell beurkundete Vorsorgevollmacht im Rechtsverkehr eine höhere Beweiskraft.

Bei Zweifeln an der Geschäftsfähigkeit des Vollmachtgebers kann vorab ein psychologisch-neurologisches Gutachten eingeholt werden.

Geltungsdauer der Vollmacht

Die Vollmacht gilt nach außen, also im sogenannten Außenverhältnis, ab ihrer Ausstellung.

Definition: Außenverhältnis

Das Außenverhältnis betrifft das rechtliche Können des Bevollmächtigten, also seine Befugnis, im Namen des Vollmachtgebers Rechtsgeschäfte zu tätigen.

Der Vollmachtgeber wird mit seinem Bevollmächtigten im sogenannten Innenverhältnis vereinbaren müssen, ab welchem Zeitpunkt von der Vollmacht Gebrauch zu machen ist. Dies ist in der Regel der Zeitpunkt, zu welchem der Vollmachtgeber nicht mehr handlungsfähig ist.

Definition: Innenverhältnis

Das Innenverhältnis ist ein rechtlicher Auftrag zur Geschäftsbesorgung, also ein Vertrag zwischen Vollmachtgeber und Bevollmächtigtem. In diesem Vertrag kann der Vollmachtgeber dem Bevollmächtigten Weisungen zum Gebrauch der Vollmacht geben und gegebenenfalls die Frage der Vergütung regeln.

Ebenso wie der Betreuer, haftet auch der Bevollmächtigte für jede Pflichtverletzung, die er während der Ausübung der Vollmacht vorsätzlich oder fahrlässig begeht. Mit einer internen Regelung kann die Haftung auf vorsätzliches Handeln beschränkt werden. Ein kompletter Haftungsausschluss ist jedoch nicht möglich!

Die erteilte Vollmacht kann, wenn es sich um eine widerrufliche Vollmacht handelt, jederzeit widerrufen werden, solange der Vollmachtgeber geschäftsfähig ist.

Kann die Vollmacht infolge eingetretener Geschäftsunfähigkeit nicht mehr vom Vollmachtgeber widerrufen werden, kann das Betreuungsgericht einen Kontrollbetreuer einsetzen. Das Betreuungsgericht erhält vom Vorliegen eines solchen Falles Kenntnis, wenn jemand aus dem Verwandten- oder Bekanntenkreis des Vollmachtgebers beim Betreuungsgericht die Bestellung eines Kontrollbetreuers anregt. Dieser hat dann die Aufgabe, die bevollmächtigte Person zu kontrollieren und gegebenenfalls die Vollmacht zu widerrufen. Steht von Anfang an fest, dass der Bevollmächtigte die Vollmacht missbraucht hat, bestellt das Betreuungsgericht sofort einen Vollbetreuer für den Vollmachtgeber. Der Widerruf der Vollmacht führt nämlich dazu, dass der Vollmachtgeber ohne Bevollmächtigten dasteht mit der Folge, dass eine Betreuung erforderlich wird.

Der Widerruf der Vollmacht ist an keine bestimmte Form gebunden.

Der Widerruf sollte dennoch zu Beweiszwecken auf jeden Fall schriftlich und per Einschreiben/Rückschein erfolgen, um den Zugang zu beweisen!

Mit Zugang der Widerrufserklärung beim Bevollmächtigten wird der Widerruf wirksam. Nach einem erfolgten Widerruf muss der Vollmachtgeber sämtliche ihm bekannten Geschäftspartner von diesem informieren. Auf diese Weise vermeidet er, dass der Bevollmächtigte trotz erfolgten Widerrufs weiterhin von der Vollmacht Gebrauch macht.

Nach erfolgtem Widerruf muss der Bevollmächtigte die ihm ausgehändigte Originalvollmacht sowie sämtliche Ausfertigungen zurückgeben.

Generalvollmachten können nur widerruflich erteilt werden.

Vollmachten, die nur einen einzelnen Aufgabenbereich, beispielsweise eine Bankvollmacht, umfassen, können unwiderruflich erteilt werden, jedoch nur dann, wenn die Erteilung der Vollmacht ausschließlich im Interesse des Vollmachtgebers liegt.

Von der Erteilung einer unwiderruflichen Vollmacht sollte der Vollmachtgeber im eigenen Interesse und wegen der hohen Missbrauchsgefahr absehen.

Banken akzeptieren Vorsorgevollmachten oft nicht, da sie auf die Verwendung ihrer eigenen Standardformulare bestehen. Im Zuge der Vorsorgeplanung sollte daher Kontakt mit dem jeweiligen Bankinstitut aufgenommen werden, um zu klären, welche Form der Vollmacht die Bank akzeptiert. Die vom Bankinstitut erteilte Auskunft sollte man sich schriftlich bestätigen lassen.

Der Tod des Vollmachtgebers führt, sofern nichts anderes vereinbart ist, zum Erlöschen der Vollmacht.

Die Vollmacht kann nach dem Tod des Vollmachtgebers von seinen Erben sofort ab dem Erbfall widerrufen werden, wenn der Vollmachtgeber bestimmt hat, dass die Vollmacht über seinen Tod hinaus gelten soll.

Die Vollmacht erlischt automatisch mit Tod des Bevollmächtigten, wenn der Vollmachtgeber für den Todesfall des Bevollmächtigten keinen Ersatzbevollmächtigten bestimmt hat.

Sie erlischt ebenfalls automatisch mit dem Tod des Vollmachtgebers, wenn dieser für seinen Todesfall nicht angeordnet hat, dass die Vollmacht über seinen Tod hinaus Gültigkeit haben soll. Man spricht dann von einer sogenannten transmortalen Vollmacht. Eine transmortale Vollmacht kann sogar die Beantragung eines Erbscheines obsolet machen und den Erben erhebliche Kosten ersparen.

Definition: Erbschein

Ein Erbschein ist ein vom Nachlassgericht ausgestelltes Zeugnis, aus dem hervorgeht, wer Erbe geworden ist.

Mit einer transmortalen Vollmacht wird die Zeit zwischen Erbfall und Erbscheinserteilung überbrückt. Die Erteilung einer transmortalen Vollmacht ist insbesondere dann sinnvoll, wenn der Bevollmächtigte zugleich Erbe ist.

Wo wird die Vorsorgevollmacht aufbewahrt?

Der Bevollmächtigte sollte bei Vornahme eines Rechtsgeschäfts in jedem Fall das Original der Vorsorgevollmacht vorlegen können. Dies dient der Rechtssicherheit. Hierzu ist ein entsprechender Hinweis in der Vollmachtsurkunde selbst nötig. Aus diesem Grund sollte die Vorsorgevollmacht dem Bevollmächtigten im Bedarfsfall zur Verfügung stehen.

Es gibt verschiedene Möglichkeiten, die Vorsorgevollmacht aufzubewahren:

- Aufbewahrung an einem für den Bevollmächtigten leicht zugänglichen Ort (z. B. Schreibtischschublade),

- Übergabe der Vollmachtsurkunde an eine Vertrauensperson mit der Maßgabe, diese im Bedarfsfall an den Bevollmächtigten auszuhändigen,
- nach Errichtung der Vorsorgevollmacht sofortige Übergabe an den Bevollmächtigten selbst mit der Anweisung, diese nur im Bedarfsfall einzusetzen,
- bei Errichtung einer notariellen Vollmacht kann der Notar angewiesen werden, die Vollmacht erst dann herauszugeben, wenn der Bevollmächtigte den Eintritt des Vorsorgefalls, z. B. mittels ärztlichen Attests, nachweist,
- Registrierung der Vorsorgevollmacht mit Benennung der bevollmächtigten Person beim Zentralen Vorsorgeregister der Bundesnotarkammer; die Registrierung kann dabei online unter www.vorsorgeregister.de erfolgen; der Antrag kann auch per Post gestellt werden.

Vor einer gerichtlichen Betreuerbestellung fragt das Betreuungsgericht beim Zentralen Vorsorgeregister nach, ob eine Vorsorgevollmacht für die betroffene Person registriert wurde. Die Durchführung des Betreuungsverfahrens entfällt, wenn die Vollmacht die regelungsbedürftigen Angelegenheiten umfasst.

Kann das Betreuungsgericht die Vorsorgevollmacht aufheben?

Seit dem 1.1.2023 kann das Betreuungsgericht bei einem bestehenden, aber noch nicht bestätigtem Missbrauchsverdacht eine Vorsorgevollmacht vorübergehend und kurzfristig suspendieren, ohne sie sogleich widerrufen zu müssen. Es kann hierzu dem Bevollmächtigten gegenüber anordnen, dass dieser die Vollmacht nicht ausüben darf. Diese Möglichkeit ist nunmehr vorgesehen für Situationen, in denen zwar dringende Anhaltspunkte für den Widerruf einer Vollmacht vorliegen, aber bislang noch nicht hinreichend festgestellt werden konnten.

Die neue gesetzliche Regelung sieht vor, dass das Betreuungsgericht dem Bevollmächtigten die Ausübung der Vollmacht untersagen kann, wenn

- die dringende Gefahr besteht, dass der Bevollmächtigte nicht den Wünschen des Vollmachtgebers entsprechend handelt und dadurch die Person des Vollmachtgebers oder dessen Vermögen erheblich gefährdet oder
- der Bevollmächtigte den Betreuer bei der Wahrnehmung seiner Aufgaben behindert.

In diesen Fällen kann das Betreuungsgericht die Herausgabe der Vollmacht an den Betreuer verlangen, damit sichergestellt ist, dass der Bevollmächtigte von der Vollmacht im Rechtsverkehr tatsächlich keinen Gebrauch macht.

Bestätigt sich der Verdacht nicht, ist die gerichtliche Anordnung aufzuheben und die Vollmachtsurkunde vom Betreuer an den Bevollmächtigten herauszugeben.

Soll die Vollmacht vom Betreuer widerrufen werden, weil der Missbrauchsverdacht festgestellt wurde, muss der Betreuer sich den Widerruf durch das Betreuungsgericht genehmigen lassen.

Auf den Punkt gebracht

- Mit einer Vorsorgevollmacht bevollmächtigt eine Person eine andere Person, im Falle einer Notsituation alle oder bestimmte Aufgaben für den Vollmachtgeber zu erledigen. Mit der Vorsorgevollmacht wird der Bevollmächtigte zum Vertreter im Willen, das heißt er entscheidet anstelle des nicht mehr entscheidungsfähigen Vollmachtgebers. Deshalb setzt eine Vorsorgevollmacht unbedingtes und uneingeschränktes persönliches Vertrauen zum Bevollmächtigten voraus und sollte nicht leichtfertig erteilt werden. Die Vorsorgevollmacht bedarf grundsätzlich – von gesetzlich geregelten Ausnahmen abgesehen – keiner besonderen Form.
- Die notarielle Beurkundung ist aus Gründen der Rechtssicherheit empfehlenswert.
- Die Vorsorgevollmacht gilt ab ihrer Erteilung bis zum Widerruf und erlischt mit dem Tod des Vollmachtgebers, soweit nichts anderes vereinbart ist.
- Eine über den Tod hinaus wirkende Vollmacht kann die Beantragung eines Erbscheines obsolet machen und den Erben Kosten ersparen.
- Die Vorsorgevollmacht kann gegen eine geringe Gebühr beim Zentralen Vorsorgeregister der Bundesnotarkammer registriert werden.

Was ist eine Betreuungsverfügung?

Mit einer Betreuungsverfügung kann vor Eintritt des Betreuungsfalles festgelegt werden, welche Person als Betreuer vom Gericht eingesetzt werden soll. Das Gericht muss bei der Bestellung des Betreuers die in der Betreuungsverfügung geäußerten Wünsche und Vorstellungen des Verfassers beachten.

In der Betreuungsverfügung kann auch festgelegt werden, welche Person auf gar keinen Fall zum Betreuer bestellt werden soll.

Der in der Betreuungsverfügung benannte Wunschbetreuer muss das Amt aber auch annehmen. Lehnt er ab, wird der Betreuer vom Gericht ausgewählt.

Liegt keine Betreuungsverfügung vor oder gibt es keine sonstigen Anhaltspunkte für einen Wunschbetreuer, bestellt regelmäßig das Betreuungsgericht eine nach seiner Auffassung geeignete Person.

Die Betreuungsverfügung ist so lange ohne Wirkung, bis das Betreuungsgericht tatsächlich eine Betreuung anordnet. Die Betreuungsverfügung berechtigt die in ihr als Betreuer gewünschte Person folglich nicht, bereits vor Eintritt des Betreuungsfalles für den Betroffenen tätig zu werden.

Derjenige, der die Betreuungsverfügung in Besitz oder Kenntnis von deren Existenz hat, muss diese beim Betreuungsgericht abgeben; es besteht eine Ablieferungspflicht.

Was kann mit einer Betreuungsverfügung geregelt werden?

In einer Betreuungsverfügung können nicht nur Vorschläge zur Person des Betreuers, sondern auch Wünsche zur Art und Weise der Durchführung der Betreuung geäußert werden.

Am häufigsten wird in einer Betreuungsverfügung geregelt, wer bei Eintritt des Betreuungsfalles Betreuer werden soll. In jedem Fall sollten alternative Vorschläge hinsichtlich der Person des Betreuers gemacht werden. Es kann der Fall eintreten, dass die gewünschte Person das Amt des Betreuers nicht annehmen will oder nicht annehmen kann.

Betreuer kann grundsätzlich jede uneingeschränkt geschäftsfähige Person sein. Sie muss jedoch für das Amt des Betreuers geeignet sein. Geeignet ist eine Person immer nur dann, wenn sie in der Lage ist, den Betreuten in dem erforderlichen Umfang persönlich zu betreuen.

Dies ist beispielsweise dann nicht der Fall, wenn die vom Betroffenen vorgeschlagene Person räumlich weit entfernt von diesem wohnt und sich einen Umzug nicht zumuten will. Ungeeignet kann eine Person auch aufgrund anderer Verpflichtungen sein, beispielsweise wenn sie bereits mehrere Betreuungen übernommen hat oder sich um mehrere minderjährige Kinder kümmert.

Personen, die zu einem Träger von Einrichtungen oder Diensten, der in der Versorgung des Volljährigen tätig ist, in einem Abhängigkeitsverhältnis oder in einer anderen engen Beziehung stehen, dürfen nicht zum Betreuer bestellt werden.

Der Betroffene kann auch Vorschläge dahin gehend bringen, welche Personen nicht als Betreuer bestellt werden sollen.

In der Betreuungsverfügung können auch Wünsche für das Verfahren zur Einrichtung der Betreuung geäußert werden sowie Vorstellungen, wie das persönliche Lebensumfeld gestaltet werden soll. Festgehalten werden kann auch, ob und in welchem Umfang bestimmte Personen, z. B. die Enkelkinder, finanziell unterstützt werden sollen.

Beispiel: Betreuungsverfügung

Die betagte Frau Musterfrau errichtet mithilfe ihrer Anwältin, einer Fachanwältin für Erbrecht, ihre Betreuungsverfügung. In dieser wird festgehalten, dass Frau Musterfrau – soweit Kapazitäten vorhanden sind – im örtlichen Pflegeheim „Seelenfrieden" untergebracht werden möchte. Für den Fall, dass sie noch zu Hause gepflegt werden kann, wird von Frau Musterfrau in der Betreuungsverfügung festgehalten, dass der ambulante Pflegedienst „Schnelle Hilfe" sich um sie kümmern soll.

Daneben verfügt sie, dass ihre Enkelkinder M und S zu Weihnachten und an ihren Geburtstagen immer jeweils 100,00 EUR erhalten sollen.

Für das Betreuungsgericht sind in Betreuungsverfügungen festgehaltene Anordnungen in Bezug auf medizinische Maßnahmen oder Heilbehandlungen nicht verbindlich. Dahingehend geäußerte Wünsche finden nur dann Beachtung, wenn zusätzlich eine Patientenverfügung errichtet worden ist.

Welche Form muss die Betreuungsverfügung haben?

Der Verfasser einer Betreuungsverfügung muss nicht geschäftsfähig sein. Notwendig ist aber, dass die Betreuungsverfügung auf dem freien Willen des Verfassers beruht und er bei Errichtung der Betreuungsverfügung auch in der Lage ist, diesen Willen zu äußern. Ist der Verfasser z. B. infolge einer Krankheit geistig verwirrt und ist sein geäußerter Wille lediglich der Ausdruck dieser Erkrankung, ist die Betreuungsverfügung nicht wirksam.

Wie bei der Vorsorgevollmacht gibt es für die Errichtung einer Betreuungsverfügung keine gesetzlichen Formvorschriften zu beachten.

Aus Gründen der Rechtssicherheit, und um Beweisprobleme zu verhindern, sollte die Betreuungsverfügung schriftlich verfasst und auch unterschrieben werden. Zweifeln an der Echtheit der Unterschrift kann man mit einer Unterschriftsbeglaubigung vorbeugen. Eine Unterschriftsbeglaubigung nimmt jeder Notar vor. Gegen eine Gebühr von 10,00 EUR nehmen auch die Betreuungsbehörden Beglaubigungen vor.

Kann die Betreuungsverfügung widerrufen werden?

Die Betreuungsverfügung kann jederzeit widerrufen werden. Der Widerruf sollte schriftlich durch Änderung der ursprünglichen Betreuungsverfügung erfolgen. Natürlich kann die Betreuungsverfügung auch insgesamt vernichtet und wieder neu errichtet werden.

Der Betreute kann den Widerruf auch mündlich gegenüber dem Betreuer vornehmen. Der Betreuer ist nämlich gehalten, den aktuellen Willen des Betreuten zu berücksichtigen.

Wo wird die Betreuungsverfügung aufbewahrt?

Die Betreuungsverfügung kann – genau wie die Vorsorgevollmacht – im Zentralen Vorsorgeregister der Bundesnotarkammer registriert werden.

Die Bundesländer Bremen, Hessen, Niedersachsen, Saarland, Sachsen, Sachsen-Anhalt und Thüringen sehen auch die Hinterlegung der Betreuungsverfügung bei den Betreuungsgerichten vor.

Auf den Punkt gebracht

- Mit einer Betreuungsverfügung kann festgelegt werden, welche Person im Betreuungsfall vom Gericht als Betreuer eingesetzt werden soll.
- Für die Errichtung einer Betreuungsverfügung gibt es keine Formvorschriften zu beachten.

- Aus Gründen der Rechtssicherheit ist die Betreuungsverfügung schriftlich zu verfassen.
- Die Betreuungsverfügung gilt bis zu ihrem Widerruf bzw. erlischt bei Tod des Betreuten.
- Die Betreuungsverfügung kann im Zentralen Vorsorgeregister der Bundesnotarkammer registriert werden.

Unterschiede: Vorsorgevollmacht und Betreuungsverfügung

In einer Betreuungsverfügung werden in der Regel die Wünsche des Betroffenen festgelegt, wobei sich der Betreuer nicht daran halten muss, wenn diese Wünsche nicht dem Wohl des Betreuten dienen.

Bei der Vorsorgevollmacht kann der Vollmachtgeber den Bevollmächtigten im Innenverhältnis durch Vertrag rechtlich an seine Wünsche binden.

Die Vorsorgevollmacht kann nach Eintritt der Geschäftsunfähigkeit vom Vollmachtgeber aber nicht mehr widerrufen werden. Dagegen kann der Betreute auch nach Verlust seiner Geschäftsfähigkeit seine in einer Betreuungsverfügung festgehaltenen Wünsche widerrufen. Der Betreute muss nur in der Lage sein, seinen Willen frei zu äußern.

Des Weiteren muss der Betreuer einige Rechtsgeschäfte vom Betreuungsgericht genehmigen lassen, der Bevollmächtigte jedoch nicht.

Der Bevollmächtigte unterliegt im Gegensatz zum Betreuer nicht der Kontrolle des Betreuungsgerichts, sodass eine gewisse Missbrauchsgefahr besteht.

Am besten verbindet man eine Vorsorgevollmacht mit einer Betreuungsverfügung, und zwar in einem Dokument. Für den Fall, dass die Vorsorgevollmacht unwirksam sein sollte bzw. die Vollmacht bestimmte Aufgabenkreise nicht abdeckt, kann verfügt werden, dass die bevollmächtigte Person als Betreuer bestellt werden soll.

Im Internet existieren viele Formulare zur Errichtung einer Vorsorgevollmacht/Betreuungsverfügung. Aus anwaltlicher Sicht ist von der Verwendung solcher Formulare dringend abzuraten! Es handelt sich dabei um Standardformulare, die nicht auf den Einzelfall zugeschnitten sind. Zudem birgt das Zivilrecht einige Fallstricke, die nur ein versierter Experte umschiffen kann. Individualisierte Verfügungen verdeutlichen die Ernsthaftigkeit des Dokuments und beugen Missbrauch vor.

Beispiel: Formularfalle

Herr Mustermann druckt sich aus dem Internet eine Vorlage für eine Vorsorgevollmacht zum Ankreuzen aus. Unter der Rubrik „Vermögenssorge" kreuzt er jedes Kästchen mit „nein" an, da er diesbezüglich kein Vertrauen in seinen Bevollmächtigten hat. Aus Versehen hat er aber bei dem Punkt „Willenserklärungen bezüglich meiner Konten, Depots und Safe" „Der Bevollmächtigte darf mich im Geschäftsverkehr mit Kreditinstituten vertreten" vergessen, sein Kreuz bei „nein" zu setzen.

Nach Eintritt des Vorsorgefalles kreuzt sein Bevollmächtigter diesen Punkt mit „ja" an. Daraufhin räumt er im Namen des Herrn Mustermann sämtliche Konten ab.

Betreuungsrechts-ABC

Akteneinsicht: Einsicht in die Betreuungsakte kann der Betreute jederzeit verlangen; ebenso eine vom Betreuer bevollmächtigte Person. Andere, am Verfahren nicht beteiligte Personen erhalten nur dann Akteneinsicht, wenn sie ein berechtigtes Interesse an der Einsicht haben.

Antragsrecht: Nur der Betroffene selbst hat ein echtes Recht, seine Betreuung zu beantragen. In diesem Fall kann das Betreuungsgericht von der Einholung eines Sachverständigengutachtens absehen. Gegebenenfalls ist auch die Vorlage eines ärztlichen Zeugnisses ausreichend. Jede andere Person hat dagegen die Möglichkeit, beim Betreuungsgericht die Einrichtung der Betreuung für eine Person anzuregen. Das Gericht wird dann von Amts wegen tätig und holt ein Sachverständigengutachten ein.

Aufgabenkreis: Der Aufgabenkreis eines Betreuers besteht aus einem oder mehreren Aufgabenbereichen, die das Betreuungsgericht ausdrücklich anordnen muss.

Aufwandsentschädigung: Ehrenamtliche Betreuer können für ihre Tätigkeit entweder eine Aufwandspauschale in Höhe von derzeit 425,00 EUR jährlich pro Betreuung erhalten oder ihre getätigten Aufwendungen einzeln abrechnen, wobei jede Aufwendung dann auch einzeln nachgewiesen werden muss.

Berufsbetreuer: Personen, die Betreuungen berufsmäßig führen, sind Berufsbetreuer. Sie werden von den sogenannten ehrenamtlichen Betreuern unterschieden. Ehrenamtliche Betreuer sind meist nahe Angehörige oder enge Freunde des Betreuten.

Besonderer Betreuer: Ein besonderer Betreuer ist stets zu bestellen, wenn die Einwilligung in eine Sterilisation erteilt werden soll. Die Einwilligung in die Sterilisation kann niemals zum Aufgabenkreis des für den Betreuten bestellten Betreuers gehören.

Betreuerausweis: Nachdem der Betreuer vom Betreuungsgericht bestellt wurde, erhält er einen Ausweis. Mit diesem kann er sich im Rechtsverkehr legitimieren. Der Ausweis gibt Auskunft über die Person des Betreuten und des Betreuers sowie über die Aufgabenkreise unter Benennung der einzelnen Aufgabenbereiche, für die die Betreuung angeordnet wurde.

Betreuungsbehörde: Es ist Aufgabe der Bundesländer zu bestimmen, welche Behörde auf örtlicher Ebene in Betreuungsangelegenheiten zuständig ist. Nahezu alle Bundesländer haben auf örtlicher Ebene die Landkreise und kreisfreien Städte mit der Aufgabenwahrnehmung betraut. In den Stadtstaaten existieren Sonderregelungen. In Berlin sind es die Bezirksämter, in Bremen das Amt für soziale Dienste und in Bremerhaven das Magistrat, die als Betreuungsbehörden fungieren. In Hamburg nimmt die Behörde für Arbeit, Gesundheit und Soziales die Aufgabe wahr. In Bayern, Hessen, Niedersachsen und Nordrhein-Westfalen tragen die zuständigen Behörden auf örtlicher Ebene die Bezeichnung „Betreuungsstelle". In Brandenburg und Sachsen-Anhalt heißen sie „Betreuungsbehörde". Die Mitarbeiter dieser Stellen haben die Aufgabe, die Betreuer im Vorfeld zu beraten und zu unterstützen, Betreuungen und Verfahrenspflegschaften zu führen und öffentliche Beglaubigungen von Unterschriften und Handzeichen unter Vorsorgevollmachten und Betreuungsverfügungen vorzunehmen.

Betreuungsgericht: Das Betreuungsgericht ist das für Betreuungs- und Unterbringungsangelegenheiten Volljähriger zuständige Gericht. Früher wurde es „Vormundschaftsgericht" genannt. Das Betreuungsgericht ist eine Abteilung des Amtsgerichts.

Betreuungsvereine: Bei Betreuungsvereinen handelt es sich um im Vereinsregister eingetragene Vereine. In der Bundesrepublik Deutschland existieren mehr als 830 Betreuungsvereine. Ehrenamtliche Mitglieder der Vereine führen die Betreuungen. Dabei werden sie von den hauptamtlichen Fachkräften unterstützt. Betreuungsvereine dürfen erst tätig werden, wenn sie von der jeweils zuständigen Landesbehörde anerkannt wurden.

Betreuungsverfügung: Die Betreuungsverfügung ist eine Möglichkeit der persönlichen und selbstbestimmten Vorsorge für den Fall, dass man selbst nicht mehr in der Lage ist, seine eigenen Angelegenheiten zu erledigen. Der Vorteil einer Betreuungsverfügung ist, dass sie nur dann Wirkungen entfaltet, wenn es tatsächlich erforderlich wird.

Einwilligungsfähigkeit: Das ist die Fähigkeit des Betroffenen, in die Verletzung eines ihm zuzurechnenden Rechtsguts, z. B. Freiheit, einzuwilligen oder sie abzulehnen.

Einwilligungsvorbehalt: Der Betreute wird durch die Anordnung der Betreuung nicht automatisch geschäftsunfähig. Er ist folglich weiter in der Lage, wirksam am Rechtsverkehr teilzunehmen. Wurde vom Betreuungsgericht eine Betreuung mit Einwilligungsvorbehalt angeordnet, verliert der Betreute seine Geschäftsfähigkeit. Vom Betreuten getätigte Rechtsgeschäfte sind unwirksam.

Ergänzungsbetreuer: Ist ein Betreuer an der Vertretung des Betreuten rechtlich verhindert, bestellt das Betreuungsgericht für diesen Fall einen Ergänzungsbetreuer. Eine rechtliche Verhinderung liegt z.B. bei einem Insichgeschäft vor oder wenn der Betreuer von Gesetzes wegen von der Vertretung des Betreuten ausgeschlossen ist.

Freiheitsentziehung: Eine Freiheitsentziehung liegt per gesetzlicher Definition vor, wenn einer Person gegen ihren Willen oder im Zustand der Willenlosigkeit insbesondere in einer abgeschlossenen Einrichtung, wie in einem Gewahrsamsraum oder einem abgeschlossenen Teil eines Krankenhauses, die Freiheit entzogen wird.

Geschäftsfähigkeit: Geschäftsfähigkeit ist die Fähigkeit, selbstständig wirksame rechtsgeschäftliche Willenserklärungen abzugeben oder zu empfangen. Die Anordnung einer Betreuung macht den Betroffenen nicht geschäftsunfähig. Er kann immer noch selbst wirksame rechtsgeschäftliche Willenserklärungen abgeben.

Gesundheitsfürsorge: Sie umfasst die Befugnis zu Entscheidungen über ärztliche Behandlungen.

Haftung: Der Betreuer haftet dem Betreuten für alle Fehler, die ihm pflichtwidrig bei Durchführung der Betreuung unterlaufen.

Höchstpersönliche Angelegenheiten: Diese kann eine Person nur selbst regeln und keinem Dritten übertragen. Höchstpersönliche Angelegenheiten sind beispielsweise die Abgabe eines Eheversprechens, die Eheschließung/Begründung einer Lebenspartnerschaft, die Ehescheidung/Aufhebung einer Lebenspartnerschaft, die Testamentserrichtung, die Ausübung der elterlichen Sorge, das aktive und passive Wahlrecht sowie das gerichtliche Aussagerecht.

Insichgeschäfte: Hierunter versteht man Geschäfte, die eine Person gleichzeitig in eigenem wie in fremdem Namen abschließt. Ein Insichgeschäft liegt z. B. vor, wenn der Betreuer die Wohnung des Betreuten an sich selbst verkauft. Solche Geschäfte sind grundsätzlich unzulässig. Ausnahmsweise können Insichgeschäfte zulässig sein, wenn sie lediglich in der Erfüllung einer Verbindlichkeit bestehen. Dies ist beispielsweise der Fall, wenn der Betreuer dem Betreuten Geld geliehen hat und den geliehenen Betrag nun vom Konto des Betreuten abhebt und für sich verwendet.

Kontrollbetreuer: Wenn die betreuungsbedürftige Person einen Dritten mit einer (Vorsorge-)Vollmacht zur Wahrnehmung ihrer Interessen ausgestattet hat, aber selbst nicht mehr in der Lage ist, ihren Bevollmächtigten zu kontrollieren, besteht die Möglichkeit, durch Anordnung des Betreuungsgerichts einen sogenannten Kontrollbetreuer zu bestellen. Dieser übernimmt dann die Überwachung des Bevollmächtigten.

Prozessfähigkeit: Darunter versteht man die Fähigkeit, in einem gerichtlichen Prozess Prozesshandlungen vorzunehmen, also beispielweise eine Klage zu erheben. Grundsätzlich hat die Anordnung der Betreuung keinen Einfluss auf die Prozessfähigkeit des Betreuten, außer der Betreute ist geschäftsunfähig oder die Betreuung erfolgte mit Einwilligungsvorbehalt.

Rechnungslegung: Nach Beendigung der Betreuung muss der Betreuer das von ihm verwaltete Vermögen des Betreuten an diesen herausgeben und über seine Tätigkeit Rechenschaft ablegen. Der Betreuer muss alle Einnahmen und Ausgaben während der Dauer seiner Betreuung durch Listen und Belege nachweisen und rechtfertigen. Dasselbe gilt, wenn ein Betreuerwechsel stattfindet. Dann muss der alte Betreuer das von ihm verwaltete Vermögen an den neuen Betreuer herausgeben. Der Betreuer muss alle Einnahmen und Ausgaben während der Dauer seiner Betreuung durch Belege rechtfertigen.

Unterbringung: Im Betreuungsrecht versteht man unter Unterbringung eine mit einer Freiheitsentziehung verbundene Maßnahme.

Vermögenssorge: Wird dem Betreuer dieser Aufgabenkreis zugewiesen, so kommt ihm die Aufgabe der Verwaltung des Vermögens des Betreuten zu. Die Anordnung der Betreuung für diesen Aufgabenkreis kann vom Betreuungsgericht auch übertragen werden, wenn der Betreute über kein Vermögen verfügt, aber die Gefahr einer weiteren Verschuldung des Betreuten besteht. Der Betreuer hat dann die Aufgabe der Schuldenregulierung bzw. der Schuldenvermeidung.

Vermögensverzeichnis: Zu Beginn einer jeden Betreuung ist der Betreuer verpflichtet, ein Verzeichnis über das Vermögen des Betreuten, das seiner Verwaltung unterliegt, zu erstellen. Dies dient dem Schutz des Vermögens des Betreuten. Das Vermögensverzeichnis ist nach Erstellung zur Gerichtsakte zu reichen.

Verhinderungsbetreuer: Mehrere Betreuer können in der Weise bestellt werden, dass der eine die Angelegenheiten des anderen nur bei dessen Verhinderung, z. B. Urlaub, Krankheit, Fortbildung etc., zu besorgen hat.

Vorführung: Das Betreuungsgericht kann in verschiedenen gesetzlich geregelten Fällen die Vorführung des Betroffenen anordnen. Dies ist insbesondere der Fall, wenn der Betroffene sich weigert, zur persönlichen Anhörung zu erscheinen, oder versucht, sich der Untersuchung durch den Sachverständigen zu entziehen.

Muster

Anregung eines Angehörigen zur Einrichtung einer Betreuung

Ich rege an, für Frau Musterfrau, geboren am *(Datum)*, wohnhaft in *(Ort)*, für sämtliche Angelegenheiten, vor allem für den Bereich der Gesundheitssorge, eine Betreuung einzurichten.

Begründung:

Frau Musterfrau kann keinerlei Aufgaben des täglichen Lebens mehr bewältigen. Frau Musterfrau erlitt vor drei Monaten einen Schlaganfall. Aufgrund dessen zeichnet sich ab, dass bei Frau Musterfrau erhebliche geistige Defizite zurückbleiben werden. Sie verlässt seit längerer Zeit die Wohnung nicht mehr und wird vollständig durch ihre Kinder, nämlich mich, Frau *(Name)*, wohnhaft in *(Ort)*, und meine Schwester, Frau *(Name)*, wohnhaft in *(Ort)*, versorgt und betreut. Sie kann nicht einmal die einfachsten Dinge des täglichen Lebens ohne fremde Hilfe bewältigen, beispielsweise Zähneputzen.

Sie befindet sich wegen des erlittenen Schlaganfalls noch in ärztlicher Behandlung. Die Tragweite der ärztlichen Behandlung kann sie jedoch aufgrund der geistigen Verwirrtheit nicht mehr verstehen.

Medikamente zur Behandlung werden daher nicht eingenommen. Sie verweigert seit einigen Tagen auch jegliche notwendige ärztliche Untersuchung.

Vollmachten wurden von Frau Musterfrau nicht erteilt.

Sie ist verwitwet.

In Absprache mit meiner Schwester haben wir uns entschlossen, die Einrichtung einer Betreuung anzuregen und mich als Betreuerin zu bestellen. Ich bin mit der Übernahme der Betreuung einverstanden. Die Bestellung meiner Person als Betreuerin entspricht auch dem Willen meiner Mutter, da ich mich seit dem Schlaganfall um sie gekümmert habe. Meine Schwester kann das Amt eines Betreuers nicht annehmen, da sie im Ausland lebt und nur für die Übergangszeit die Pflege mit mir übernommen hat.

Die Betroffene hat keine Kenntnis von dieser Anregung. Ich bitte um Anhörung in ihrem gewohnten Umfeld, also in ihrer Wohnung, und um Abstimmung des Anhörungstermins mit mir.

Antrag auf Aufhebung der Betreuung durch den Betreuten selbst

Hiermit beantrage ich, die Betreuung aufzuheben.

Begründung:

Mit Beschluss des Amtsgerichts – Betreuungsgericht – vom *(Datum)*, AZ: *(…)*, wurde auf meinen eigenen Antrag hin ein Betreuer bestellt.

Von Geburt an leide ich an einer körperlichen Behinderung. Nach dem Versterben meiner beiden Eltern, die mir immer helfend zur Seite standen, fiel es mir sehr schwer, mich im Alltagsleben zurechtzufinden.

Andere Angehörige, Freunde oder andere Kontakte, die mir hätten Hilfe leisten können, hatte ich nicht. Eine Unterbringung in einem Heim war für mich ausgeschlossen, da ich meinem gewohnten Umfeld nicht entrissen werden wollte. Ich lebe seit meiner Geburt in diesem Haus, welches meine Eltern mir vermacht haben.

Somit brauchte ich zunächst einen Betreuer, der mir Hilfe leistete. Für die Hilfestellung im letzten Jahr bin ich meinem Betreuer sehr dankbar. Er hat mir geholfen, viele Kontakte zu knüpfen, die ich weiterhin aufrechterhalte, und mich mit meiner Lebenssituation ab- und darin zurechtzufinden.

Ich bin nunmehr in der Lage, mich im Alltagsleben zurechtzufinden, und kann meine Angelegenheiten jetzt selbst besorgen.

Antrag auf betreuungsgerichtliche Genehmigung für die Ausschlagung einer Erbschaft

Ich beantrage, mir die betreuungsgerichtliche Genehmigung zu erteilen, die Erbschaft der Betreuten aus sämtlichen in Betracht kommenden Berufungsgründen auszuschlagen.

Begründung:

Mit Beschluss des Amtsgerichts – Betreuungsgericht – vom *(Datum)*, AZ: *(…)*, wurde ich zum Betreuer für Frau Musterfrau bestellt. Mit wurde dabei der Aufgabenkreis der Vermögenssorge übertragen.

Am *(Datum)* ist die Mutter der Betreuten, Frau Musterfrau, verstorben. Der Vater der Betreuten ist bereits vorverstorben. Ein Testament hatte die Erblasserin nicht errichtet.

Die Betreute ist das einzige Kind der Verstorbenen und somit gesetzliche Alleinerbin.

Die Erbschaft muss ausgeschlagen werden, da der Nachlass überschuldet ist und die Ausschlagung der Wahrung der Interessen der Betreuten dient.

Bereits jetzt ist mir bekannt, dass Verbindlichkeiten in Höhe von 100.000,00 EUR bestehen. Belegkopien liegen diesem Antrag als Anlage bei. Vermögenswerte sind nicht vorhanden.

Ich bitte um eine schnelle Entscheidung, da die Ausschlagungsfrist in vier Wochen, also am *(Datum)*, abläuft.

Antrag auf Genehmigung der Unterbringung wegen Eigengefährdung

Ich beantrage wegen erheblicher Eigengefährdung die betreuungsgerichtliche Genehmigung zur Einwilligung in die freiheitsentziehende Maßnahme der Unterbringung des Betreuten in der geschlossenen Abteilung der Klinik *(Name)* in *(Ort)*.

Begründung:

Mit Beschluss des Amtsgerichts – Betreuungsgericht – vom *(Datum)*, AZ: *(...)*, wurde ich für Herrn Mustermann zum Betreuer bestellt. Mir wurde dabei der Aufgabenkreis der Aufenthaltsbestimmung und der Gesundheitssorge übertragen.

Der Betreute leidet seit längerer Zeit unter einer psychischen Erkrankung. Infolge der Krankheit besteht eine konkrete Suizidgefahr. Die Gefahr der Eigengefährdung kann durch andere, mildere Mittel nicht abgewendet werden.

Als Nachweis des Krankheitszustandes des Betroffenen ist diesem Antrag ein ärztliches Attest in Kopie beigefügt.

Derzeit ist noch nicht abzusehen, für wie lange eine Unterbringung in der geschlossenen Abteilung erforderlich sein wird. Ohne diese Maßnahme besteht keine Aussicht auf Verbesserung des Krankheitszustandes des Betroffenen.

Krankheitsbedingt kann der Betroffene die Notwendigkeit der Behandlung nicht erkennen.

Der Betreute kann in seiner Wohnung, in der er sich meistens aufhält, angehört werden.

Anregung der Anordnung einer vorläufigen Betreuung im Wege der einstweiligen Anordnung

Hiermit rege ich an, für meine Mutter, Frau Musterfrau, für den Bereich der Gesundheitssorge eine vorläufige Betreuung im Wege der einstweiligen Anordnung einzurichten und mich als Betreuerin zu bestellen.

Ich bin die Tochter der Frau Musterfrau.

Meine Mutter stürzte vor sieben Tagen die Treppe in ihrem Haus hinunter. Dabei erlitt sie schwere Kopfverletzungen und einen komplizierten Beinbruch. Sie wurde in die Klinik *(Name)* in *(Ort)* eingeliefert und liegt seitdem im Koma.

Nach Aussage der behandelnden Ärzte müssen in den nächsten Tagen mehrere erhebliche Eingriffe wegen der Kopfverletzung und des Beinbruchs erfolgen. Nur durch diese Operationen kann sich der kritische Gesundheitszustand meiner Mutter verbessern.

In die ärztlichen Eingriffe kann meine Mutter nicht einwilligen, da sie im Koma liegt.

Eine Vorsorgevollmacht oder Betreuungsverfügung hat sie nicht errichtet.

Zur Dokumentation des Gesundheitszustandes und zur Erforderlichkeit der Einrichtung einer Betreuung füge ich in Anlage ein ärztliches Zeugnis des behandelnden Arztes bei.

Aufgrund des sich verschlechternden Gesundheitszustandes meiner Mutter bitte ich um eine schnelle Entscheidung und darum, mich als Betreuerin zu bestellen. Ich habe ein gutes Verhältnis zu meiner Mutter. Wir wohnen im selben Haus und ich habe mich bereits in der Vergangenheit um ihre Belange gekümmert und ihr unter die Arme gegriffen.

Mitteilung des Todes des Betreuten an das Betreuungsgericht

In vorbenannter Sache wurde ich mit Beschluss des Amtsgerichts – Betreuungsgericht – vom *(Datum)*, AZ: *(...)*, für den Betroffenen zum Betreuer bestellt.

Hiermit teile ich mit, dass der Betreute am *(Datum)* um *(Uhrzeit)* in seiner Wohnung verstorben ist. Nach ärztlicher Auskunft liegt eine natürliche Todesursache vor. Eine Kopie der Sterbeurkunde ist diesem Schreiben als Anlage beigefügt, ebenso mein Betreuerausweis.

Sollte in Bezug auf die Abrechnung mit den Erben keine Einigkeit erzielt werden können, werde ich die Schlussrechnung dem Gericht nachreichen.

Stichwortverzeichnis

Verzeichnis der Muster

Die Autorin

Maria Demirci aus München ist Rechtsanwältin und Fachanwältin für Erbrecht und Familienrecht. Sie ist ausschließlich auf die Themen der der Vermögensvorsorge, Vermögenssicherung und Nachfolgestaltung spezialisiert. Sie ist zudem erfolgreiche Autorin zahlreicher Fachbücher zum Erbrecht sowie Familienrecht und wird in Print- und Onlinemedien häufig als Expertin zurate gezogen.

beck.de

ISBN Print: 978-3-406-80451-9
ISBN E-Book: 978-3-406-80452-6

Wilhelmstraße 9, 80801 München
Druck und Bindung: Beltz Grafische Betriebe GmbH
Am Fliegerhorst 8, 99947 Bad Langensalza

Satz: Fotosatz Buck
Zweikirchener Straße 7, 84036 Kumhausen
Umschlag: Ralph Zimmermann – Bureau Parapluie
Umschlagbild: © Alexander Raths – istockphoto.com

chbeck.de/nachhaltig

Gedruckt auf säurefreiem, alterungsbeständigem Papier
(hergestellt aus chlorfrei gebleichtem Zellstoff)